I0815045

東大教授がおしえる

やばい日本史

歴史ってすごいばかりじゃたのしくない

監修 本郷和人

和田ラヂヲ
横山了一
滝乃みわこ

ダイヤモンド社

はじめに

総理大臣を二度つとめ、早稲田大学を作った大隈重信という人が過去を振り返って言っています。

「わたしは明治維新の立役者となった西郷隆盛や大久保利通といった人物と仕事をしてきた。世の中ではかれらを英雄と言うけれども、やはりかれらも『ひとりの生きた人間』であった。すぐれた点もあるけれど、短所だってあったのである。」

そうなんですよね。完全無欠の偉人なんていません。歴史上の有名人も、みんな欠点をもったふつうの人間なんです。ふつうの人間が、歴史を作ってきたのです。

だから、歴史を知るときには、昔の人たちの長所を学ぶと同時に、かれらの欠点、やばい部分を知るのも大切です。そうすることで、歴史がぐっと身近なものになる。

さあ、「ぼくたち、わたしたち」の日本の歴史の本当のすがたをさぐってみましょう。

東京大学史料編纂所教授
本郷和人

日本の王様になるわ【卑弥呼】

天皇中心の国を作るぞ【中大兄皇子】

政治のしくみを作ろう【聖徳太子】

貴族の時代を終わらせて、武士の時代にする！【源頼朝】

やっぱ時代は武士だよね～【足利尊氏】

日本一に、おれはなる！【武田信玄】【織田信長】【伊達政宗】

歴史は人でできている

じゃあ、天皇と仲良くなってすごい貴族になろう【藤原道長】

いや、わしがなっちゃうもんね【豊臣秀吉】

いやいや、わしが江戸幕府を開くから安心するのじゃ【徳川家康】

「歴史」をいちばんかんたんに説明するなら、これにつきます。
いまの日本を作ったのは、いままで日本で生きてきた、
数えきれないほどたくさんの人たち。
いい人もいれば、悪い人もいたし、国や社会を動かすすごい人もいれば、
ひっそりと生涯を終える人もいました。
残念ながら、歴史に名前が残っているのは、
そのなかの一握りの人だけですが、
かれらが考え、行動した結果がどんどんつながって「いま」になったのです。

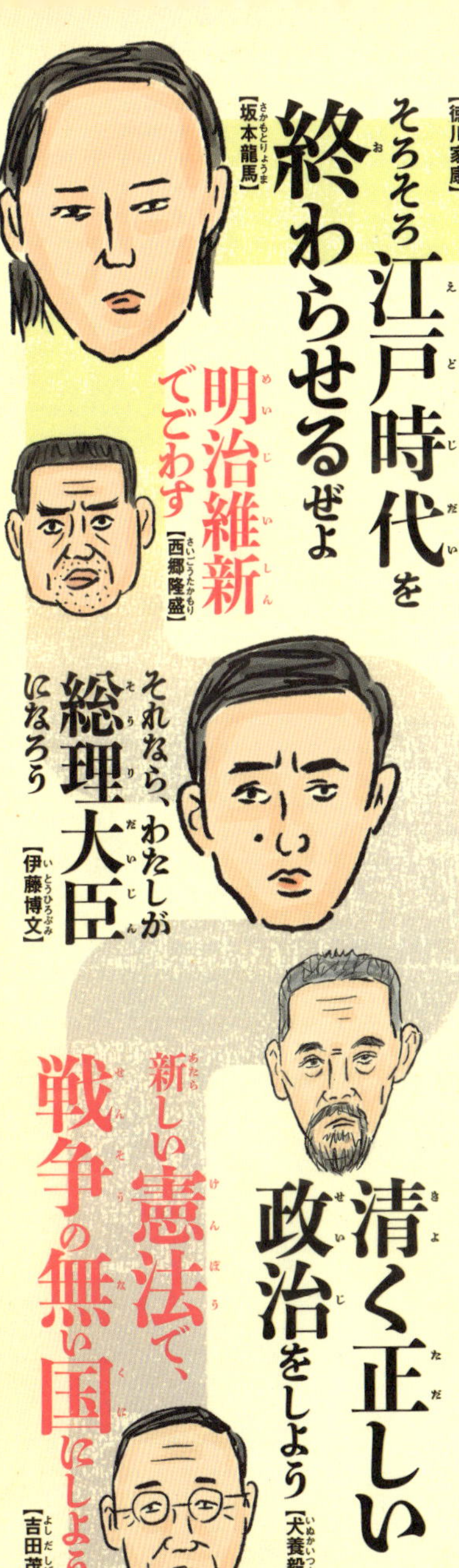

人はすごいとやばいでできている！
何か「すごい」ことを成しとげた人は、歴史に名前が残ります。
でも「すごい」だけの人なんて、この世にひとりもいません。
むしろ、ものすごい失敗をしたり、へんな行動をしたりして、
江戸幕府を作って日本中の武士を従えた
戦から逃げたあげくうんこまでもらした

まわりから「やばい」と思われているような人が、
誰にもできない偉業をやってのけていることもあります。
だって、人生は長いのです。
いい日も悪い日もあるし、年とともに変化だってあります。
いろんなことを考え、行動し、ときに失敗し、そこから学び、たまに成功する。
カッコいい一面もあれば、ダサい弱点もある。

だからこそ、人はおもしろいのです！

はじめに 2

歴史は人でできている 4

人はすごいとやばいでできている！ 6

第1章 ゆかいなとりまきと 天皇の時代

この時代のざっくりマンガ解説 16

この時代のざっくり人物相関図 20

すごい / やばい

卑弥呼
- 22 【日本ではじめて王になった女性】
- 24 【じつは引きこもりのおばあちゃん】

聖徳太子
- 26 【さえわたる頭脳で日本の政治のシステムを作る】
- 28 【上から目線で隋の皇帝をキレさせる】

中大兄皇子
- 30 【すごい行動力でクーデターを起こし天皇中心の国を作る】
- 32 【弟の奥さんをうばったけど好きになってもらえない】

孝謙天皇
- 34 【デキる女性を政治で活躍させる】
- 35 【あやしい坊さんに夢中になる】

すごい

第2章 ひまを持てあました 貴族たちの時代

やばい

この時代のざっくりマンガ解説 38
この時代のざっくり人物相関図 42

安倍晴明
44 すごい ふしぎな力でセレブを守ったスーパー陰陽師
46 やばい 妻をめぐって弟子と霊能力バトルに発展

藤原道長
48 すごい なぞの自信で出世して日本一の権力をにぎる
50 やばい イケイケな歌を発表した直後ぜいたく三昧でバタリ

清少納言
52 すごい 美しいエッセイ『枕草子』を書いた
53 やばい 『枕草子』の内容はめちゃくちゃイジワル

紫式部
54 すごい 大ベストセラー小説『源氏物語』を書いた天才作家
56 やばい 清少納言に夫をバカにされてブチギレる

源頼朝
58 すごい ニートから復活して鎌倉幕府を作る
60 やばい 日本一偉くなっても妻の政子の尻にしかれまくり

源義経
62 すごい 天才的な戦センスで平氏をほろぼす
63 やばい イケメンどころかめちゃくちゃ出っ歯

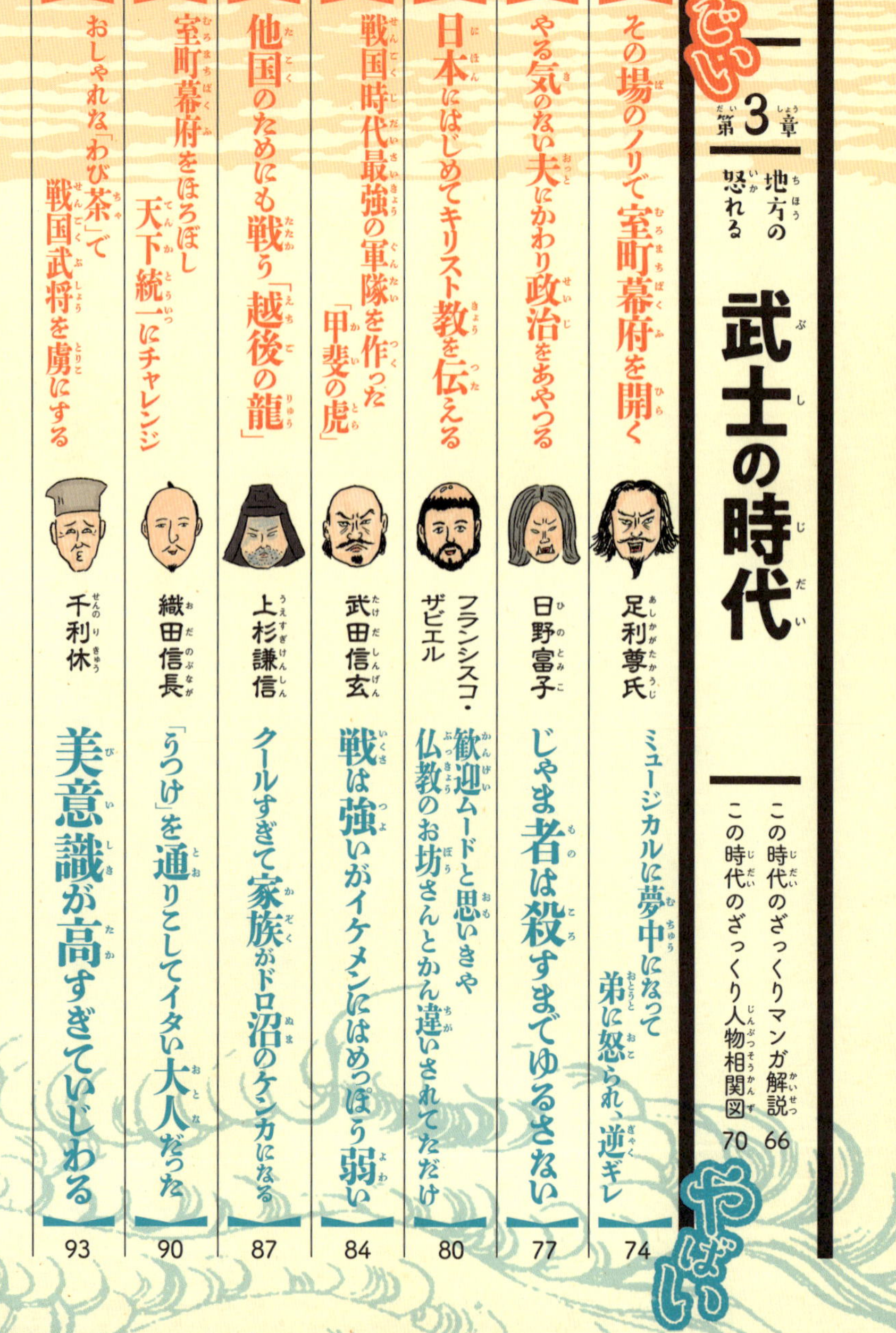

すごい

第3章 地方の怒れる武士の時代

この時代のざっくりマンガ解説 66
この時代のざっくり人物相関図 70

72 その場のノリで室町幕府を開く
足利尊氏
ミュージカルに夢中になって弟に怒られ、逆ギレ 74

76 やる気のない夫にかわり政治をあやつる
日野富子
じゃま者は殺すまでゆるさない 77

78 日本にはじめてキリスト教を伝える
フランシスコ・ザビエル
歓迎ムードと思いきや仏教のお坊さんとかん違いされてただけ 80

82 戦国時代最強の軍隊を作った「甲斐の虎」
武田信玄
戦は強いがイケメンにはめっぽう弱い 84

86 他国のためにも戦う「越後の龍」
上杉謙信
クールすぎて家族がドロ沼のケンカになる 87

88 室町幕府をほろぼし天下統一にチャレンジ
織田信長
「うつけ」を通りこしてイタい大人だった 90

92 おしゃれな「わび茶」で戦国武将を虜にする
千利休
美意識が高すぎていじわる 93

やばい

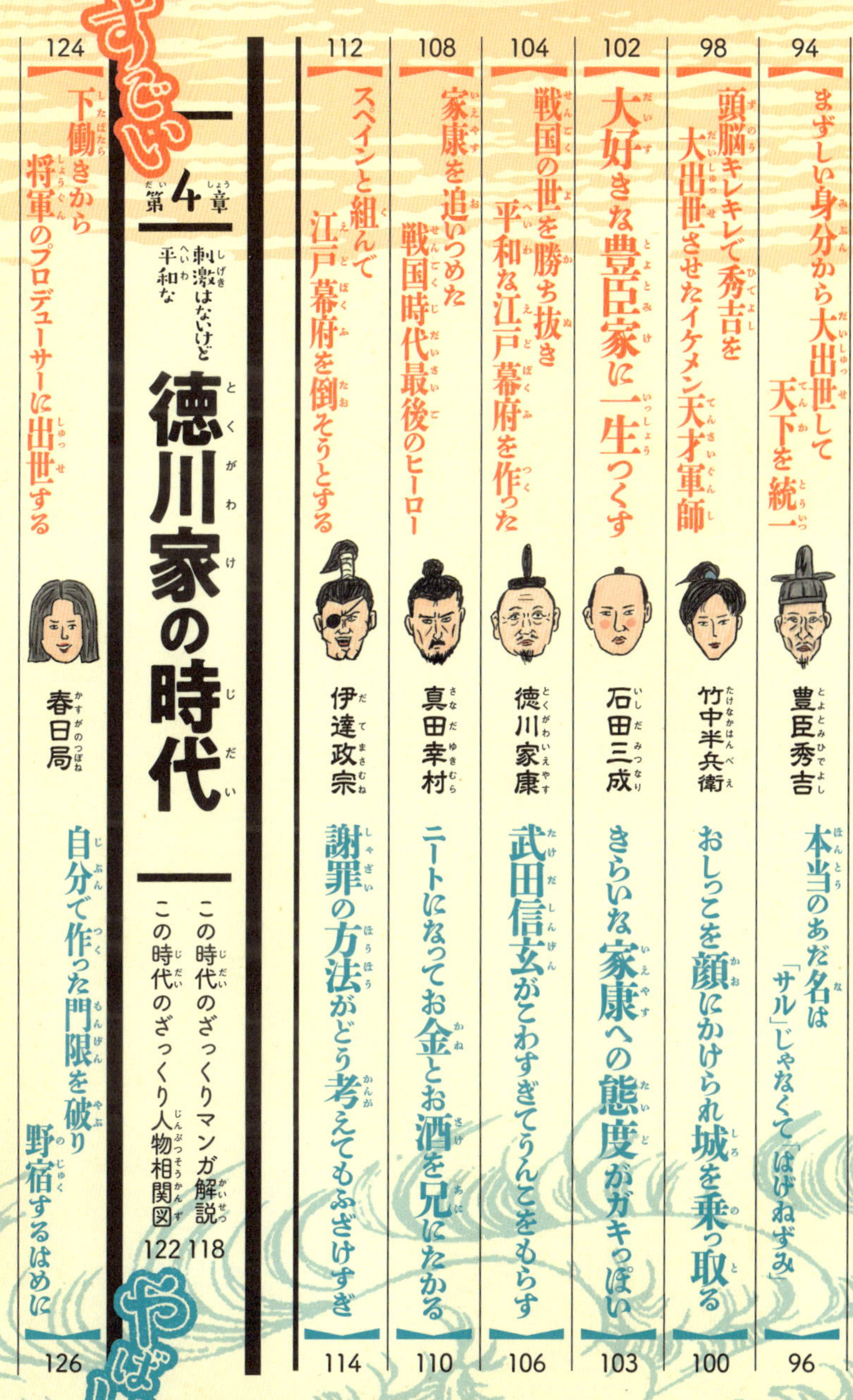

すごい

第4章 刺激はないけど平和な徳川家の時代

この時代のざっくりマンガ解説 118
この時代のざっくり人物相関図 122

豊臣秀吉
94 まずしい身分から大出世して天下を統一
96 本当のあだ名は「サル」じゃなくて「はげねずみ」

竹中半兵衛
98 頭脳キレキレで秀吉を大出世させたイケメン天才軍師
100 おしっこを顔にかけられ城を乗っ取る

石田三成
102 大好きな豊臣家に一生つくす
103 きらいな家康への態度がガキっぽい

徳川家康
104 戦国の世を勝ち抜き平和な江戸幕府を作った
106 武田信玄がこわすぎてうんこをもらす

真田幸村
108 家康を追いつめた戦国時代最後のヒーロー
110 ニートになってお金とお酒を兄にたかる

伊達政宗
112 スペインと組んで江戸幕府を倒そうとする
114 謝罪の方法がどう考えてもふざけすぎ

春日局
124 下働きから将軍のプロデューサーに出世する
126 自分で作った門限を破り野宿するはめに

やばい

すごい / やばい

第5章 とつぜんハジけた 庶民の時代

128 日本中を旅して俳句をきわめる
松尾芭蕉
武将おたくで遺言は「推しメンの隣に埋めて」 130

132 何でも作れるマルチクリエイター
平賀源内
かん違いで人殺しをしてしまう 133

134 世界の画家もあこがれる天才絵師
葛飾北斎
仕事相手とはケンカ 家はゴミ屋敷で絵以外はぜんぶだめ 136

138 新選組をひきいて江戸幕府のために最後まで戦った
土方歳三
ラブレターを見せびらかしてモテ自慢 140

142 ものすごいコミュ力で明治時代幕開けのきっかけを作る
坂本龍馬
友達の家で毎回むじゃきに立ちションする 144

146 血を流さずに江戸城の明けわたしに成功
西郷隆盛
太りすぎて死にかけ犬を飼う 147

この時代のざっくりマンガ解説 150
この時代のざっくり人物相関図 154

156 コミュ力と語学力で最初の総理大臣になる
伊藤博文
恋愛体質すぎて明治天皇にしかられる 158

160 悩み苦しみながらもベストセラーを連発し弟子まで育てる
夏目漱石
原稿用紙に鼻毛を植え付け弟子にコレクションされる 162

164 逆境をのりこえて医者になり病気の研究に命を捧げる
野口英世
恩師にお金をたかって遊びまくる 166

168 女性の心を自由に表現し、戦争反対の歌を発表
与謝野晶子
気がかわって戦争賛成の歌を発表 169

170 憲法と平和を守り抜き五・一五事件で殺される
犬養毅
妻の言いなりになって子どもを追い出す 171

172 日本人なのに中国人女優「李香蘭」として大スターになる
山口淑子
男装の王女を「お兄ちゃん」と呼んで兄妹ごっこをする 174

176 日本国憲法を作り日本から戦争をなくした総理大臣
吉田茂
戦争はきらいだけどケンカっぱやい 177

178 ハチャメチャな人生を文学作品にして若者の心をわしづかみにする
太宰治
女性を口説きまくって運命を狂わせる 180

こんな本もおすすめ 182

本書でご紹介するエピソードには、諸説あるものがあります。歴史人物に親しんでもらうために、おもしろく演出をしてお届けしていますが、本書の内容はかれらを批判するものではありません。偉大な功績をのこした人物への敬意をもって編集しています。

第1章 ゆかいな天皇のとりまきと

弥生／古墳／飛鳥／奈良

239年
邪馬台国の女王、卑弥呼が魏（中国）に使者を送る

350年ごろ
ヤマト政権によって小国が統一されていく

538年
朝鮮半島の百済から日本に、仏教が伝えられる

592年
初の女性天皇、推古天皇が即位する

593年
聖徳太子が「摂政」になり、天皇にかわって政治を行う

604年
日本ではじめての憲法、十七条の憲法が制定される

時代

日本各地にあったたくさんの国がまとまると、天皇がリーダーとして君臨します。天皇を中心とする組織「朝廷」が政治を動かし、そのとりまきたちは権力をめぐって競争をくり広げます。

そしてここから近代に至るまで、天皇は歴史の中心人物として登場しつづけるのです。

607年
小野妹子が中国に遣隋使として派遣され、皇帝にブチ切れられる

643年
蘇我入鹿が聖徳太子の一族をほろぼす

645年
中大兄皇子と中臣鎌足のコンビが蘇我氏を倒し、大化の改新がはじまる

672年
天皇の位をめぐっておじとおいがドロドロ争う壬申の乱が起きる

701年
日本ではじめての法律「大宝律令」が完成

710年
都が藤原京から平城京（奈良）にうつる

769年
孝謙天皇が僧の道鏡にはまり、天皇の位をあげようとする

769年
それを防いだ和気清麻呂と姉の広虫が、ひどいあだ名をつけられ流罪になる

この時代の ざっくり マンガ解説

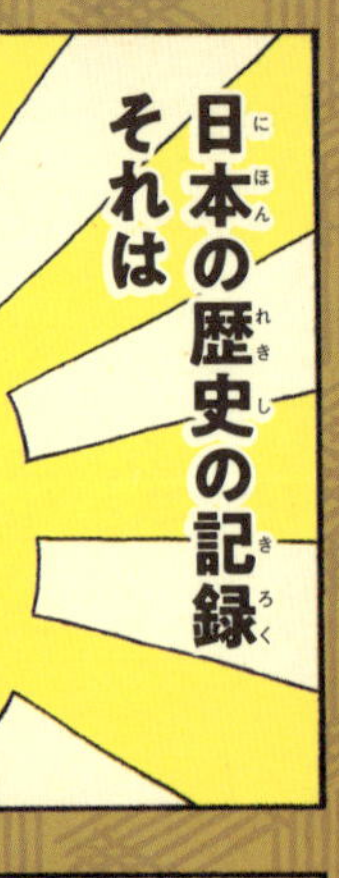

古代日本には「豪族」という
おれは強い！
ケンカ上等
いや、おれのほうが強い！
それぞれの地方を支配している一族がいました

だれがいちばん強いか競っており
なんだと～!?
どっちが強いか戦いだ！
カー

ワアアアア
グループを作って戦いまくっていました

その豪族のなかでNo.1に強かったのが
No1
のちの「天皇」だったのです！

その後の飛鳥時代のヒーローといえばこの人
ハイハイ10人でも20人でも話聞くよ！
パキ
聖徳太子
推古天皇
テキ
頭がいいからね！
おばの推古天皇をサポートして天皇中心の政治のしくみを作りました

ところが太子の死後
政治のことはわたしに任せてください！
はっはっはっ
No.2の豪族・蘇我氏が朝廷でやりたい放題になってきます
No.2 蘇我氏
天皇
当然No.1はおもしろくありません！
えっへん
エラぶりやがって〜
やっつけましょう！
No.1 中大兄皇子
中臣鎌足

こうして手を組んだ中大兄皇子と鎌足によって
ケンカ 乙巳の変！
これでNo.1の座は不動だぜ！
気にくわねーんだよ！
蘇我入鹿は暗殺された……

その後――
大化の改新で国を一新するぞ！
よーし！
中大兄皇子改め
天智天皇

ところがかれの死後あと継ぎ争いが発生
ケンカ
壬申の乱
弟のおれだ！
息子のわたしだ！
大海人皇子
大友皇子

このケンカは弟の大海人皇子が勝利
お
お
お
父上…
無念

天武天皇となった大海人皇子によって
頭脳派
「天皇＝偉い人」のイメージが定着していきます
天皇を主人公にした歴史の本を書くぞ！
大海人皇子改め
天武天皇

いろんなバトルをくり広げてきた天皇たちとその祖先……
こうして日本の歴史が始まったのです！

この時代のざっくり人物相関図

天皇がたくさんでてきてちょっとややこしいですが、人物たちの関係はこんな感じでした。

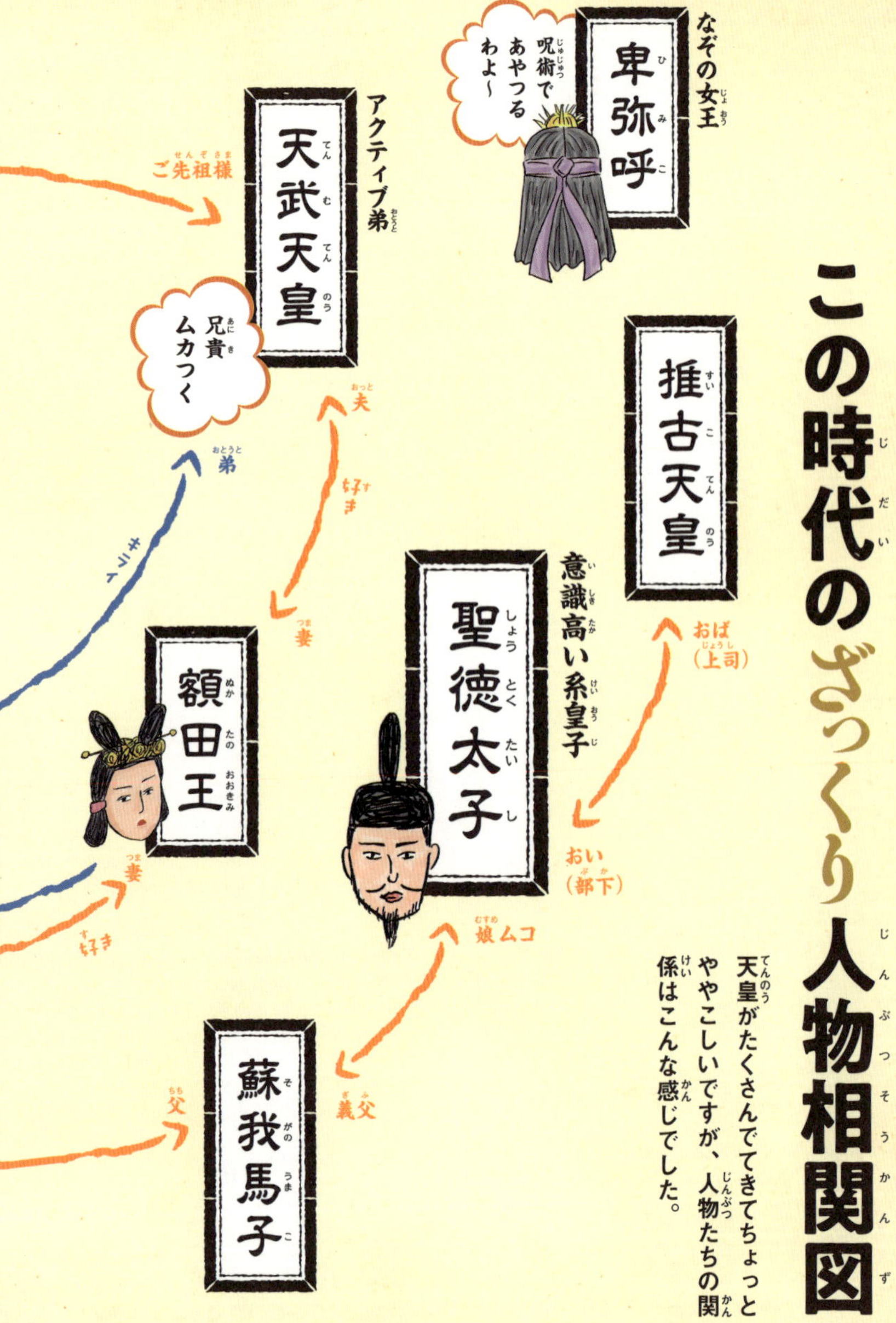

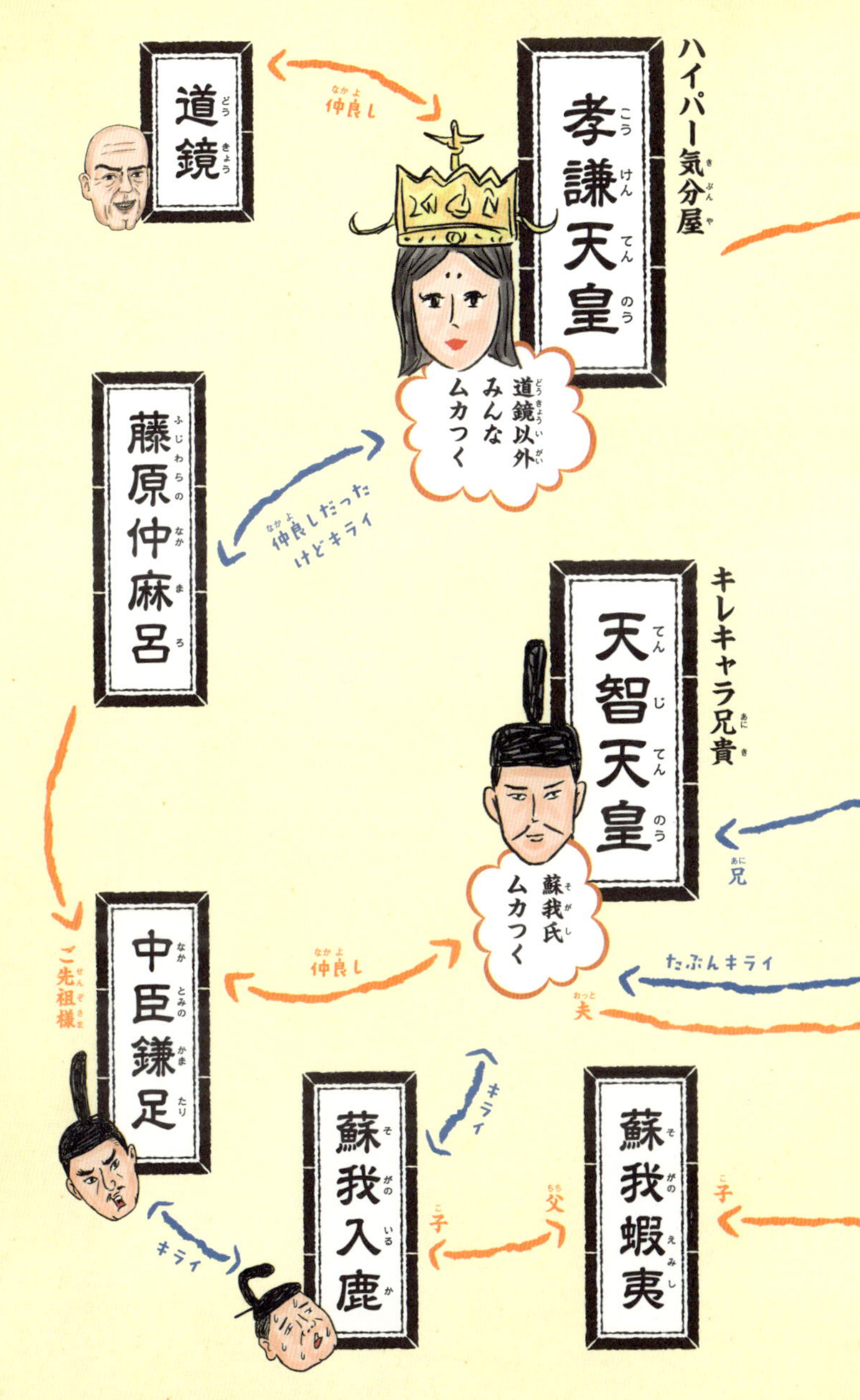
ハイパー気分屋
孝謙天皇
道鏡以外みんなムカつく
道鏡
仲良し
藤原仲麻呂
仲良しだったけどキライ
キレキャラ兄貴
天智天皇
蘇我氏ムカつく
兄
たぶんキライ
夫
ご先祖様
中臣鎌足
仲良し
キライ
蘇我入鹿
子
父
蘇我蝦夷
子
キライ

日本ではじめて王になった女性

1800年ほど前、日本は30ほどの小さな国にわかれていました。そのなかのひとつが、邪馬台国です。もともと日本には男性の王がいましたが、王座をめぐる戦争が70年以上も続いていました。

その戦争をピタリと終わらせたのが、邪馬台国の卑弥呼です。はじめての女性の王として卑弥呼が即位したところ、みんなが納得して平和な国になったといいます。

一説によれば、卑弥呼は占いの力を使って人々を従わせていたそうですが、**案外シンプルにケンカが強かっただけかもしれません**。卑弥呼が何らかのすごい力をもっていたことは確かです。

でも、卑弥呼の本当のすごさは、外国の力を利用したこと。

239年、当時日本とは比べものにならないくらい発展していた大国・魏（いまの中国）に使者とみつぎ物を送り、**魏の王様に「卑弥呼こそが日本の王だ」と認めさせたのです**。このお墨付きによって、卑弥呼は邪馬台国だけでなく、ほかの国々もまとめあげることに成功！　はじめての「日本の女王」として君臨します。

これを学校にたとえると、クラスのみんなが学級委員の座をねらってケンカをしているなか、**ぬけがけして教育委員会にワイロを送り、一気に校長先生になったようなもの**。どうやら卑弥呼は、なかなか頭脳派だったようですね。

はは——っ!!

卑弥呼

時代
弥生時代

身分
女王

出身地
不明

別名
親魏倭王

生没年
不明-247年ごろ

弥生時代にいた邪馬台国の女王。邪馬台国のほか、いくつかの国を治め、倭（日本）の王として、中国と交流した。

じつは引きこもりのおばあちゃん

王様の仕事というと、たくさんの部下を従えて、指示をしたりするようすを思いうかべるかもしれません。**でも、卑弥呼は引きこもりでした。**宮殿の奥でひたすら「鬼道」という占いに明け暮れる日々。占いの結果を伝えるのは弟の役目で、人々は卑弥呼の姿を見ることすらできません。さらに、食事の世話などもすべて弟がこな

し、お世話係の女性たちも近づけませんでした。**いくらなんでも弟に頼りすぎですし、これではただのあやしいスピリチュアル好きです**。

ところが、当時の人々は悪天候や病気など、自分の手に負えないことを恐れていました。だから、占いで未来を教えてくれる卑弥呼のふしぎな力に頼っていたのです。むしろ、姿を見せないミステリアスさが、占いの神秘性を高めていた可能性すらあります。

そんなイメージから、学習漫画などではあやしい美女として描かれることが多い卑弥呼。でも、魏の書物「魏志倭人伝」によると**「かなりのおばあちゃんで、夫はいなかった」**そうです。もしかしたら、外に出ない理由はおばあちゃんだから外出がめんどうくさかっただけかもしれません。

卑弥呼の死後は、台与という13才の少女が王になったそうですが、その後の記録はとだえていて、邪馬台国がどうなったかはなぞに包まれています。

時代
弥生時代

豆 邪馬台国があった場所については、たくさんの説がある。現在有力なのは奈良県か滋賀県という説。

すごい 聖徳太子

さえわたる頭脳で日本の政治のシステムを作る

聖徳太子は「**10人がいっせいに話した内容を全部理解して、アドバイスを与えた**」といった数々の伝説をもつ飛鳥時代の大スター。

当時の日本は「豪族」という力のある一族たちが権力を争っていました。とくに**仏教を支持する蘇我氏**と、**日本古来の神様を支持する物部氏**のバトルははげしく、政治は乱れまくり。そこで太子は仏教派の蘇我氏とタッグを組み、物部氏を倒して争いをおさめ、

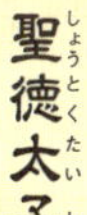

聖徳太子

時代
飛鳥時代

身分
飛鳥時代の皇子で政治家

出身地
奈良

別名
厩戸皇子

生没年
574年－622年

法隆寺や四天王寺といったお寺を作って日本に仏教を広めたのです。

さらに太子は、政治の大改革も行います。

かれが作りあげたのが「冠位十二階」という、かつてないシステム。天皇に仕える役人を12の地位に分け、頭にかぶる帽子（＝冠）の色で身分の上下を区別しました。セレブ生まれならアホでも役人になれた時代に、**家柄に関係なく実力で評価されるしくみを整えた**のです。

また、「十七条憲法」という、役人が守るべきルールも定めました。**「ワイロをうけとってはいけない」「勝手に税金をとってはいけない」といったルールで、まずしい国民を守ったのです。**

驚くべきことに、このふたつの改革は、いまの政治の基本と同じ。そんなシステムを約1400年も前に作りあげた太子は、間違いなくスーパースターです！

用明天皇の子。19才のときに、天皇を助ける「摂政」という地位につき、おばの推古天皇をサポートした。

豆 厩（馬小屋）の戸の前で生まれたため、厩戸皇子と名付けられた。

上から目線で隋の皇帝をキレさせる

やばい 聖徳太子

飛鳥時代、日本の近くでいちばん力をもっている国は隋（中国）でした。日本と隋の差は大きく、**隋がゾウなら日本はネズミ、隋がバラエティ番組の司会者なら日本は後輩のひな壇芸人のようなもの。**じつは聖徳太子の政治改革も、隋をお手本にしていました。意識高い系皇子の太子はイケてる国の仲間入りをしたかったのです。

607年、ついに太子は使者の小野妹子（ちなみに、おっさん）を派遣し、隋の皇帝にコンタクトをとります。しかし、太子からの手紙を読んだ皇帝は「なんて無礼な手紙だ！」とブチギレ。手紙にはこう書かれていました。

日出づる処の天子、書を日没する処の天子にいたす

これは日本を「太陽が出てくる国」、隋を「太陽がしずむ国」とたとえたうえに、皇帝のことをあらわす「天子」という言葉を自分にも使うという、**ダブルで上から目線な内容**。太子の「日本も隋に負けてないんで！」という気持ちがあふれてしまったのですね。

かわいそうなのは使者の妹子です。記録によると、妹子は旅の帰り道に、隋の皇帝からの返事を泥棒にぬすまれています。**でも、これはおそらく妹子のうそ**。皇帝がものすごく怒った返事を書いたため、持ち帰ったら太子や推古天皇に恥をかかせると思い、こっそり手紙を捨てたのでしょう。太子は意識高すぎな困った上司だったのですね。

何だー!!
この手紙は!!
ひぃ
言わんこっちゃない!!
小野妹子

時代
飛鳥時代

豆 次の遣隋使のときも、太子は「東天皇、つつしみて西皇帝にもうす」と書き、こりずに「対等」を強調していた。

困るわ〜
頭よすぎて
困るわ〜

すごい行動力でクーデターを起こし天皇中心の国を作る

聖徳太子の死後、太子と仲の良かった豪族・蘇我氏の力は強くなっていきます。

なかでも蘇我蝦夷&入鹿の親子は調子に乗り、大臣という立場を利用して皇極天皇を意のままにあやつっていました。

そこで立ちあがったのが、皇極天皇の息子の中大兄皇子です。中大兄は入鹿のライバルだった中臣鎌足と**「天皇家が再び日本のリーダーとなるため、蘇我氏をやっつけよう！」**と手を組みます。

645年、中大兄と鎌足は、天皇と入鹿が出席する儀式で入鹿暗殺を計画。暗殺者を柱のかげにひそませ、準備は完璧……と思いきや、**蘇我氏にビビった暗殺者がかげから出てきません。**役に立たない暗殺者です。

このままでは失敗すると考えた中大兄は、みずから儀式中の天皇の前で入鹿をおそい、切り殺しました。息子が目の前でいきなり人を殺したわけですから、母である皇極天皇はさぞかしびっくりしたことでしょう。

入鹿の死を知った蝦夷は絶望して自殺、天皇家は権力をとりもどしたのです。その後、中大兄と鎌足のコンビは、日本に初めての首都を現在の大阪に作り、**「大化の改新」とよばれる天皇を中心とした政治の改革を行いました。**

そして中大兄は、42才で天智天皇として即位したのです。

中大兄皇子

時代
飛鳥時代

身分
皇子→天皇

出身地
奈良

別名
天智天皇

生没年
626年-671年

皇極天皇を母に、舒明天皇を父にもつ、天皇家のサラブレッド。蘇我氏を倒し、天智天皇となって政治改革をした。

ひいいいいいい

蘇我入鹿

豆 中大兄は663年、中国と朝鮮に「白村江の戦い」でボロ負けし、日本の黒歴史となった。

弟の奥さんをうばったけど好きになってもらえない

ばつぐんの行動力で政治のリーダーとなった中大兄皇子。**でも、その行動力ゆえの、危ない一面があったのも事実です。**

中大兄の弟・大海人皇子には額田王という妻がいました。短歌がうまいほどモテた時代、天才歌人の額田は、だれもがうらやむモテモテな存在。

そんな妻をもつ弟を見てうらやましくなったのか、はたまた額田に恋してしまったのか……。

中大兄は額田に**「弟と別れておれの妻になれ」**とせまったのです！

完全にアウトなおれ様発言ですが、当時、皇太子

の命令は絶対。しかも中大兄は、蘇我氏をはじめ自分に逆らう者を次つぎと殺してきた残酷な男です。怒らせたら何をするかわかりません。だから額田は泣く泣く大海人と別れ、中大兄と再婚したのです。

その後、中大兄は天智天皇として即位し、妻の額田や弟の大海人をまねいて宴を開きます。

ところが、なんとその席で、**額田と大海人は「わたしたち、別れたけど密会してま〜す！」とぶっちゃける短歌を発表したのです。**

短歌はみんなの前で声に出してよんでいたので、大勢の前で堂々と「ほかの人が好き」と宣言されてしまった天智は、さぞ赤っ恥をかいたことでしょう。この歌は引きさかれても愛し合うふたりの美しい歌として『万葉集』にものり、**中大兄のかっこ悪いエピソードは永遠に残されることとなりました。**

額田王の歌

あかねさす　紫野行き
標野行き　野守は見ずや
君が袖振る

あかねがかった紫の野原で、
番人に見られるかもしれないのに
あなたはわたしに手を振ってくれるのね

大海人皇子の歌

むらさきの　匂える妹を
憎くあらば　人妻ゆえに
われ恋めやも

天皇の妻になったあなたが憎いなら、
こんなにも恋こがれたりはしない
あなたはもう人妻なのに……

時代

飛鳥時代

豆 天智の死後、大海人は天智の息子の大友皇子を倒し、天武天皇となる。これが壬申の乱。

思いどおりの人生だったぞ、妻の気持ち以外は

デキる女性を政治で活躍させる

すごい 孝謙天皇

聖武天皇と光明皇后の娘、孝謙天皇はいわば**元祖キャリアウーマン**。能力のある女性を積極的に政治に参加させ、765年には男性54人、女性44人に位を授けています。

なかでも和気広虫という女性官僚は、日本初の孤児院を作ったり、のちの都・平安京の工事に力をつくしたりと、偉大な功績を残しました。

また、孝謙は策略家でもありました。女性天皇反対派がクーデターを起こしたときは、いとこの藤原仲麻呂と組んで制圧。その後、淳仁天皇を即位させ、**自分は上皇となって、かげで政治を動かしたのです。**

あやしい坊さんに夢中になる

43才のとき、**孝謙は病気を看病して治してくれた道鏡というお坊さんをいたく気に入り、政治に参加させるようになります。**道鏡サイドもノリノリで、逆らう者は死刑や流罪という、おそろしい事態に。

さらには、孝謙は称徳天皇として2度めの即位をし、「神様のお告げがあった」とうそをついて次の天皇の座を道鏡にゆずろうとしたのです！　そのうそを和気広虫の弟・清麻呂があばいたところ、称徳は激怒。**清麻呂は「穢麻呂」、広虫は「狭虫」というへんなあだ名をつけられ、**流罪にされてしまいます。しかし結局、称徳の死とともに、道鏡は権力を失いました。

孝謙天皇

時代
奈良時代

身分
天皇

出身地
奈良

別名
称徳天皇

生没年
718年～770年

第2章 ひまを持てあましました

平安／鎌倉

794年
桓武天皇が平安京（京都）に都をうつす

939～941年ごろ
このころ武士が登場し、平将門の乱や藤原純友の乱が起こる

1001年ごろ
清少納言がエッセイ『枕草子』を書き、そこに夫の悪口を書かれた紫式部が激怒

1016年
藤原道長が摂政となり、権力をにぎって調子に乗りはじめる

1010年ごろ
紫式部が世界最古の長編小説『源氏物語』を書く

1086年
白河天皇が、息子に位をゆずり引退……と見せかけて、裏で政治を動かす「院政」を始める

1156年
天皇の位をめぐる兄弟の争いに、源氏や平氏の武士も加わり、保元の乱が起こる

貴族たちの時代

天皇をとりまく人々は、平安時代に「貴族」となって政治の中心で活躍するようになります。やがて藤原家が絶対的な権力を手に入れると、政治は安定。平和すぎてやることがない貴族たちは、優雅で美しい文化を発展させることに情熱を燃やしたのです。

1159年 平治の乱で源義朝が平清盛に敗れ息子の頼朝は伊豆へ

1167年 平清盛が太政大臣となり、政治の実権をにぎる

1177年ごろ 源頼朝♥北条政子結婚

1185年 壇ノ浦の戦いで源義経が大活躍し、源氏が平氏をほろぼす

1189年 兄の頼朝を怒らせ、追いつめられた義経が自害

1192年 頼朝が征夷大将軍になる

1199年 落馬事故がもとで頼朝が死去

1333年 足利尊氏らが鎌倉幕府をほろぼす

この時代のざっくりマンガ解説

※雅……上品で優雅なこと

......という
イメージですが

その雅さが生まれた
理由はというと

貴族たち
……
やること
ないわア……
ハア…
気分はまさに現代のニートのごとし

ですが このニート気分の貴族たちが
こうしちゃいられない
何か夢中になれるものを探すぞ!
次つぎとすばらしい文化を生み出します

十二単
インスタ映えしそうな華やかな着物!
……でもめっちゃ重くてくさい
5 ♥79 20

短歌
今度ゴハンどうかな?
ブロックしとこ…
手紙のやりとりはメールのごとし

占い
いまならテレビで大人気になりそうなカリスマ安倍晴明登場！
晴明のズバリ言うわよ！

そして文学
人気女流作家がブロガーのごとくボコボコ登場！
女はやはらかに♡
いとをかし…
紫式部
清少納言

このようなたくさんの文化を生んだ平安時代は
あの満月みたいにおれの人生完璧だわ〜
道長の時代に絶頂を極めた藤原氏とともにありました
藤原道長

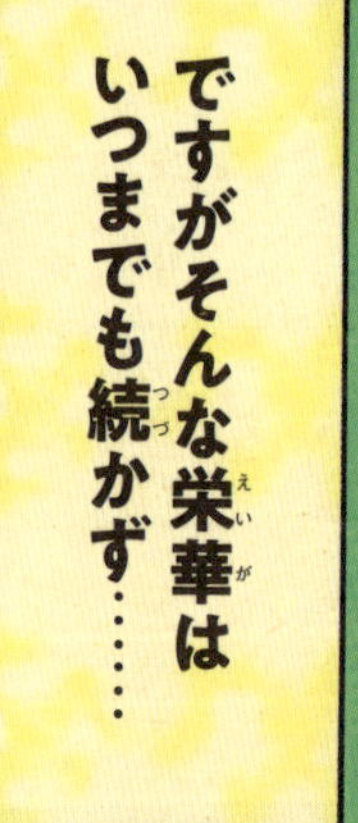
ですがそんな栄華はいつまでも続かず……

ううっ……貴族がちゃんと政治をしないせいで生活が苦しい！
ボロ〜
地方の人びと

しだいに地方で力をもつ武官や豪族が生まれてきます
ウオーーッ
あんなニートどもの…
言いなりになってたまるかぁぁぁ！

関西代表
おぼっちゃま武士・平氏
これからは平氏の時代だッ！
平 清盛

天皇にとり入った平氏は栄華を極めますが
平氏にあらずんば人にあらず！

その平氏にケンカを売る
関東代表
ヤンキー武士・源氏が登場！
これからは源氏の時代じゃあ！
源 頼朝

壇の浦の戦いで平氏をほろぼします

その後 頼朝によって鎌倉幕府が開かれ
ニートな貴族たちの居場所はなくなっていきますが

その雅な文化はいまも受けつがれています
ハハハハハ

この時代のざっくり人物相関図

華やかな時代を作った平安の貴族たちとワイルドに時代をかけぬけた鎌倉の武士たち。かれらはそれぞれこんな関係でした。

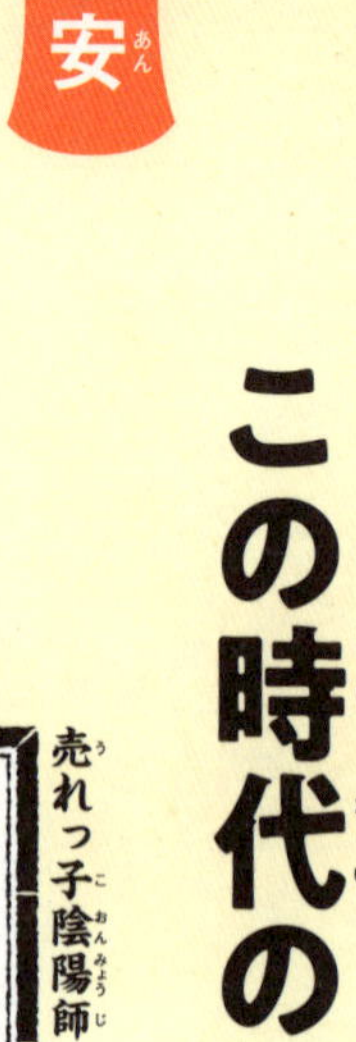
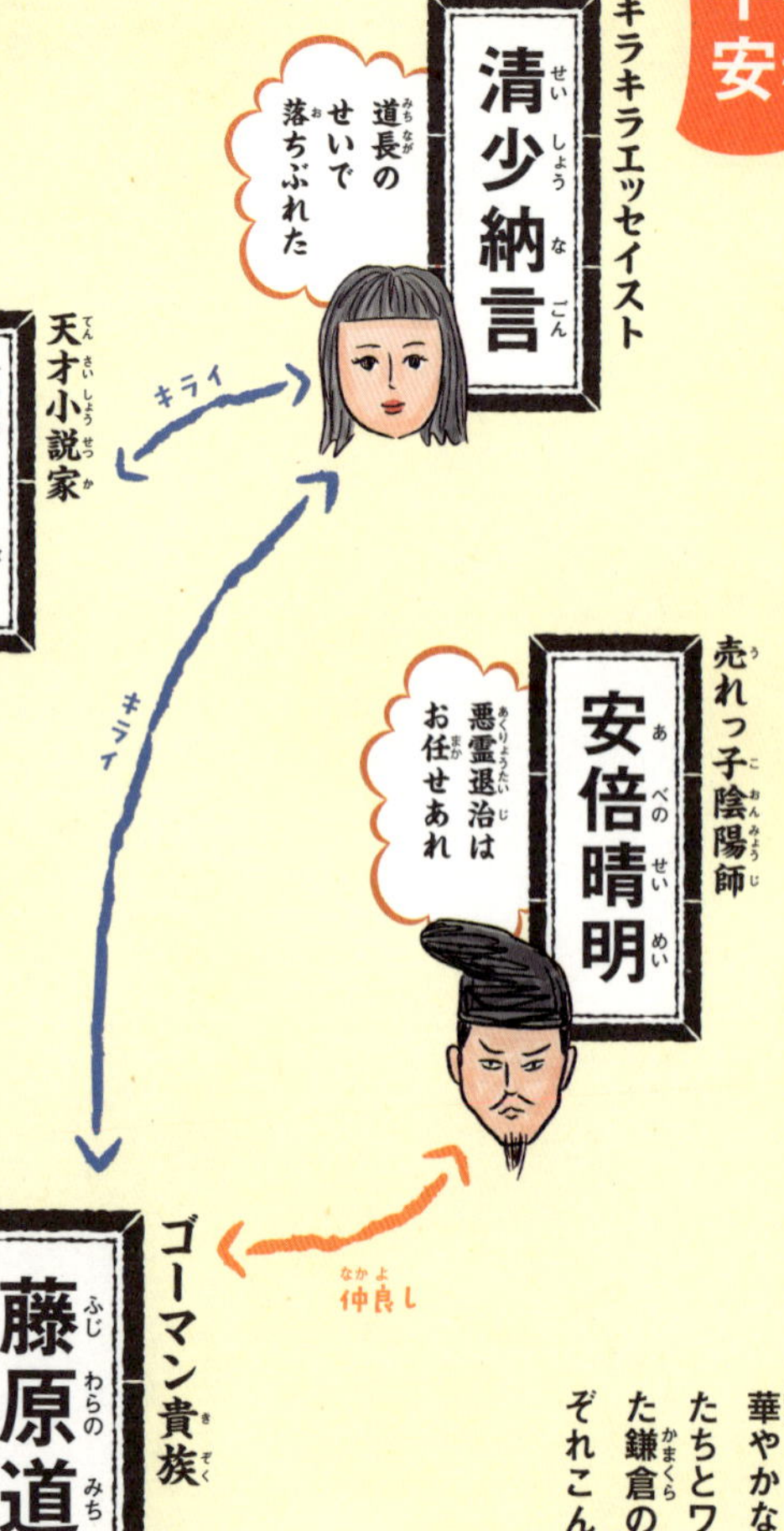

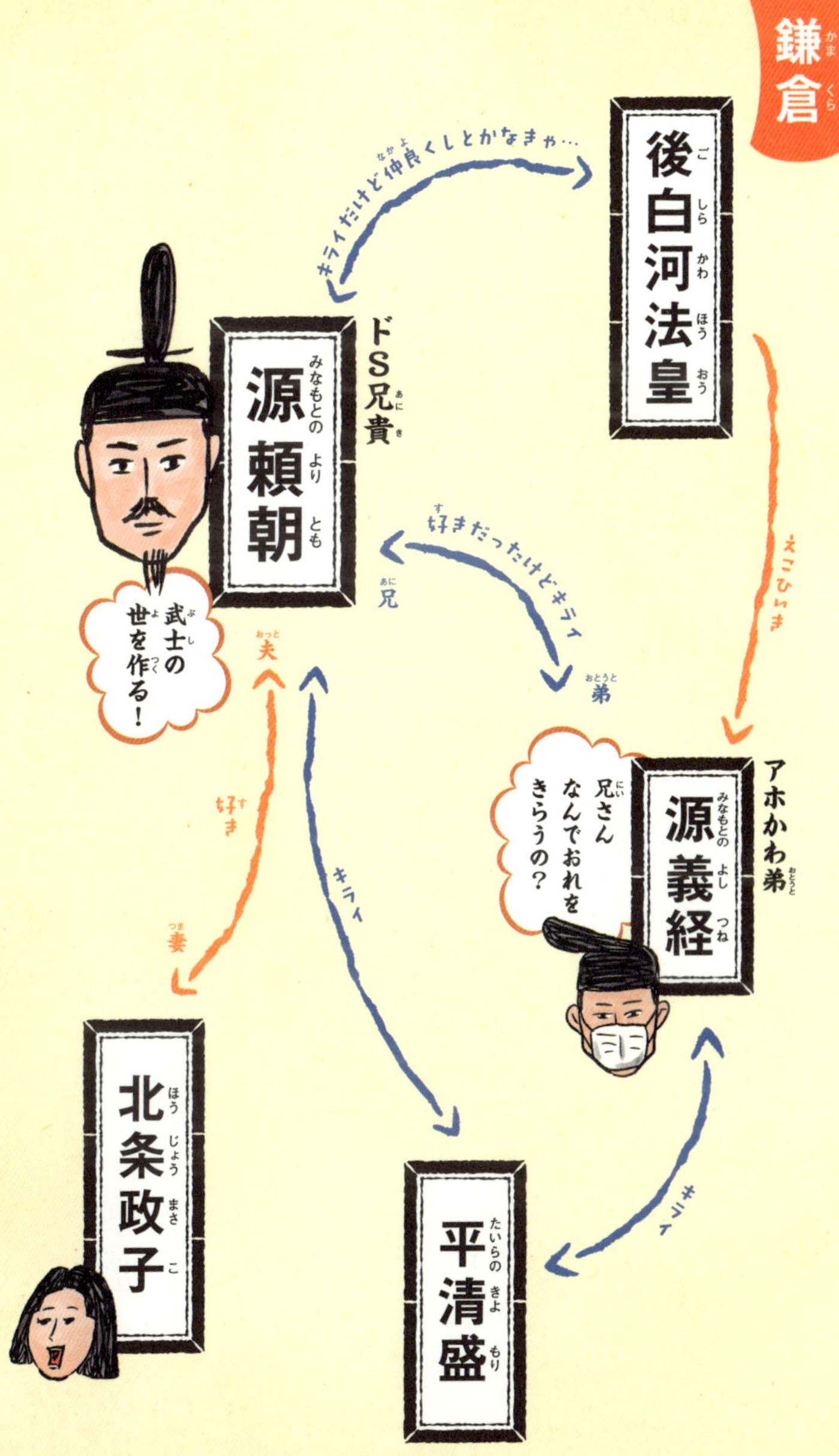
鎌倉
後白河法皇
キライだけど仲良くしとかなきゃ…
ドS兄貴
源頼朝
武士の世を作る！
好きだったけどキライ
兄
弟
えこひいき
アホかわ弟
源義経
兄さんなんでおれをきらうの？
夫
好き
妻
キライ
北条政子
キライ
平清盛

ふしぎな力でセレブを守ったスーパー陰陽師

すごい安倍晴明

いまではありえないことですが、飛鳥時代から明治時代まで、朝廷には**占いや悪霊退治をするための「陰陽寮」という部署がありました。**その部署のエースとして活躍した陰陽師が、安倍晴明です。

あるとき、花山天皇は頭痛に悩んでいました。そこで晴明が占ってみたところ「じつは天皇の前世は修行中に死んだ僧。その僧の頭蓋骨が岩にはさまったままなので頭が痛くなるのだ」という占い結果が出ました。

その場所に行ってみると、**なんと本当に頭**

蓋骨がはさまっているではありませんか！　しかも、頭蓋骨を岩から取るとうそのように頭痛が消えたのです。花山は晴明の大ファンになってしまいました。

それからというもの、花山は**「屋根の下にヘビがいる！」「アヒルが部屋に入りこんできた！」などと、何かにつけて晴明を呼び出し、占いをさせました。**しょうもない理由すぎますが、平安時代は皇族や貴族たちの権力争いがさかんで、呪ったり呪われたりは日常茶飯事。**そのため少しの変化でも「これは……呪いか!?」と、みんなビビりまくっていたのです。**

実際、晴明は瓜の中に呪いの毒ヘビが入っていることを見抜き、藤原道長を呪いから守ったこともあります。

その後も道長の姉・詮子の病気を治すなど、伝説は数えきれません。

これらの伝説がどこまで真実かはわかりませんが、平安のセレブたちは晴明のふしぎな力に頼っていたのです。

安倍晴明

時代
平安時代

身分
陰陽師

出身地
大阪または奈良

別名
天文博士

生没年
921年-1005年

平安時代に活躍した陰陽師。陰陽師の仕事は占いだけでなく、星を見て暦（吉凶を書いたカレンダー）も作っていた。

ビビビでスッキリ!!

ぐっ

花山天皇

藤原詮子

妻をめぐって弟子と霊能力バトルに発展

安倍晴明には、少年マンガばりの壮絶バトル伝説もあります。

それは、晴明のうわさを聞きつけた蘆屋道満という陰陽師が、勝負をいどんできたときのこと。

箱の中のものを透視する勝負で、道満は「ミカン」、晴明は「ネズミ」と答えました。箱の中のミカンを透視していた道満は「ふん、晴明ってたいしたことねーじゃん」と思いましたが、箱を開けると、中からネズミが飛び出してきたのです！　じつは晴明はミカンなんてよゆうで透視しており、そのうえでミカンをネズミに変

身させる術までかけていました。

完全敗北した道満は、晴明に弟子入りします。しかし、晴明が天皇の命令で唐（中国）の仙人のもとで修行をしているすきに、晴明の妻・梨花を誘惑し、**あろうことか師匠の奥さんと浮気をしてしまうのです。**

やがて3年がたち、晴明が戻ってくる日が近づくと、道満は「浮気がバレたら晴明に殺される」と急にあせりだします。**ところが梨花が「だったら先に殺しちゃおうよ！」とぶっ飛んだことを提案。**ふたりは強力な呪文を使って晴明を殺害します。弟子と妻に裏切られるなんて、なかなかハードな人生ですね。

さすがの晴明もこれでおしまいかと思われましたが、唐の仙人のパワーで見事復活！　道満と梨花を襲撃し、首を切って成敗したということです。

ビビビビビビビビ

梨花

蘆屋道満

時代

平安時代

晴明が出世したのは40代からで、かなり遅咲き。しかも68才のときに仕事をサボって始末書を書かされている。

【急募】浮気されない呪文

なぞの自信で出世して日本一の権力をにぎる

すごい 藤原道長

平安時代のラスボスといえば、藤原道長でしょう。**道長は天皇よりも強い権力をもち、朝廷を自由自在にあやつりました。**

でも、最初から偉かったわけではありません。当時は、親の後を継ぐのはだいたい長男と決まっていて、一条天皇の摂政・藤原兼家の5番目の子どもだった道長には、そもそも藤原家を継ぐ権利すらなかったのです。

ただ、道長はなぞの自信で出世する

気まんまんでした。あるとき兼家が仕事がデキるほかの貴族を見て「うちの息子たちはかれの息子のかげもふめないだろうなあ」とぼやいたところ、道長は「かげがふめないなら顔をふんでやりましょう」と言い切ったそうです。

その後、兄たちが急死して道長のもとに権力が転がりこんでくると、かれはすごい作戦に打って出ます。それは、日本でいちばん権力をもつ人、つまり天皇と親戚になること。

道長は一条天皇とむすめの彰子を結婚させ、「皇后」という正妻の位につけると、ほかのふたりの娘も天皇に嫁がせて、権力を拡大していったのです。

ここからはもう道長のターン。言うことを聞かない三条天皇を退位させ、かわりに自分の孫をわずか9才で後一条天皇として即位させます。

天皇のおじいさんとなった道長に逆らえる人は、もはや日本にいません。ついに道長はゆるぎない権力を手にしたのです。

誰に似たのかのう…

藤原兼家

道長の日記『御堂関白記』は国宝で世界記憶遺産にも登録されている。

藤原道長

時代
平安時代

身分
貴族・摂政

出身地
京都

別名
御堂関白

生没年
966年－1027年

中臣鎌足の子孫。圧倒的権力で、摂政として天皇にかわって政治を行う。道長以降、摂政・関白は藤原家が独占した。

じつは、藤原道長は数々のとんでもない事件を起こしています。

23才のときは、友達が役人採用試験に不合格になったので、試験官をさらって自宅に監禁。「あいつを合格させろ」とおどしたのです。これが父の兼家にバレて、道長はむちゃくちゃ怒られました。

しかし、こわ～い兼家パパが死んだあとの道長はやりたいほうだい。48才のときにも、妻のおでかけ準備に時間がかかったというしょうもない理由で、貴族ふたりを自宅の小屋に監禁しています。

52才になると、なんと自宅の庭に置く大岩を運ぶために平安京をブチ壊します。道長の部下たちは、じゃまな民家をなぎ倒し、その柱や壁を略奪。たまたま道を歩いていた通行人まで、無理やり岩運びをさせられました。最悪のラスボスですね。

イケイケな歌を発表した直後ぜいたく三昧でバタリ

同じ年、娘・威子が後一条天皇の妻になり「とうとうテッペンとったぜ！」と満足した道長は、イキって調子に乗りまくりな歌をよみました。

この世をば　わが世とぞ思う　望月の
欠けたることも　なしと思えば
（この世はすべておれのもの
満月に欠けたところがないように完璧なのさ）

しかし……。この直後、道長は病気で倒れます。ぜいたくなごちそうを食べすぎて、**糖尿病**になったといわれています。さらに娘ふたりが相次いで病死すると、道長は「わたしもあの世へ行きたい」と悲しみにくれ、後を追うように亡くなりました。

時代
平安時代

㊟ 道長は、自分の病気を治すためにお寺を建てるときにも、平安京を破壊した。

すごい 清少納言

春はあけぼの。
ようようしろくなりゆく山ぎわ、
すこしあかりて、
紫だちたる雲のほそくたなびきたる……

（春は夜明けがステキ。
だんだん白くなっていく山際の空が
ほんのり明るくなって
紫がかった雲が細くたなびいている……）

美しいエッセイ『枕草子』を書いた

平安時代の作家・清少納言は、一条天皇の最初の正妻・定子の女房※。**自分の娘を正妻にしたい藤原道長によって、定子は正妻の座から追いはらわれましたが、清少納言は定子を支えつづけました。**

落ち目の定子とともに過ごした人生は決して楽なものではありませんでしたが、**清少納言はそんな苦労をみじんも感じさせない『枕草子』というエッセイを書きあげます。**

日本の四季が美しくリアルに語られ、読んだだけで風景が目にうかんでくる名作です。その表現は、紫式部の『源氏物語』にも大きな影響を与えました。

※女房……皇族や貴族に仕える、身分の高い女官のこと。

清少納言

時代
平安時代

身分
女房、作家

出身地
京都

別名
清女

生没年
966年ごろ-1025年ごろ

『枕草子』の内容はめちゃくちゃイジワル

じつは『枕草子』には美しい風景描写と同じくらい、すさまじい他人の悪口も書かれています。

清少納言は定子のようなセレブたちのキラキラ輝く世界を愛する一方で、**身分の低い人やお年寄り、田舎者、そしてブサイクが大きらい！**

あまりに性格が悪かったので、鎌倉時代には「年をとった清少納言は落ちぶれ、ミジメな鬼婆になった……」という伝説まで作られました。

大好きだった主人の定子が死んだあと、清少納言がどうなったかはよくわかっていませんが、出家して尼さんになったともいわれています。

- おばさんのやきもちや、おじさんが寝ぼけてる姿はムカつく！
- 身分が低い人の家に美しい雪がふってたり、月の光が明るくさしているのはにあわない！
- 田舎から来た手紙にお土産がついていないのはイラつく！
- ブサイクな男女が昼間っからイチャイチャしてるの、キモい！

やばい

大ベストセラー小説『源氏物語』を書いた天才作家

紫式部はとてもかしこく、当時の女性は学ばないはずの漢文や漢詩もスラスラと読み書きできました。歴史にもくわしく、その才能は一条天皇にもほめられるほどだったとか。

でも、あまりに目立っていたためか、**職場の仲間からは「日本史オタクのインテリ女」とねたまれていました。**

しかし、紫式部はそんな批判をものともせず、小説『源氏物語』を書きはじめます。すると、これが大ヒット！当時の最高権力者であり、大の文学オタクでもあった藤原道長にも認め

られ、紫式部は道長の娘・彰子の女房に抜てきされます。**天皇と道長を味方につけた紫式部をいじめる人は、もはやいません。**嫉妬を実力でねじふせたのです。

『源氏物語』は、ハイパーイケメンの光源氏が、多くの女性と恋をするロマンス小説。登場人物はなんと100人以上います！

それなのに矛盾がなくリアリティのあるストーリーで、**現在に至るまで1000年以上も人気がおとろえていません。**こんな小説は、世界に類を見ないそうです。

じつは、あの織田信長や上杉謙信も『源氏物語』の愛読者。その後も瀬戸内寂聴、林真理子、角田光代などの流行作家によって何度も現代語訳され、マンガや映画にもなり、ファンを増やしつづけています。

光源氏

紫式部

時代
平安時代

身分
女房、作家

出身地
京都

別名
日本紀の御局

生没年
973年ごろ - 1010年代

作家。子どものころから知的だった。1001年に世界最古の長編小説『源氏物語』を書きはじめ、大人気となる。

清少納言に夫をバカにされてブチギレる

紫式部と清少納言は同時代の作家ですが、宮廷にいた時期がかぶっていないので顔見知りではなかったといわれています。**それなのに、紫式部は清少納言のことを、日記の中でさんざんディスっています。**

紫式部が、会ったこともない清少納言を大きらいになった理由。それは、**清少納言が『枕草子』に紫式部の夫・藤原宣孝の悪口を書いたからです。**

しかも、宣孝が死んだ直後という最悪のタイミングで。亡き夫をバカにされて激怒した紫式部は、主人の定子が死んで落ち目になった清少納言のこ

とを、さらにムチ打つことでうさ晴らしをしていたのでしょう。

紫式部をムカつかせたのは清少納言だけではありません。『源氏物語』が完成したといわれる1010年ごろ、藤原道長が自宅で大宴会をひらき、紫式部も招待されます。

ところが、そこでよっぱらった道長に追いかけまわされ、むりやり和歌をよまされたのです。そのうえ、よった貴族が「紫の上はどこ〜？」と、からんできたため、紫式部はブチギレ。

紫の上とは『源氏物語』に出てくる光源氏の妻で、絶世の美女のこと。

紫式部はのちに、**「光源氏のようなすてきな男性がいないのに、都合よく紫の上みたいな美人がいるわけないいじゃない！」**と日記で毒づいています。

時代
平安時代

紫式部は、歌人の和泉式部に対しても「無知のわりにはけっこういい歌書くのよね。ま、わたしほどじゃないけど」と、毒舌。

悪口は直で言わない書くの

ニートから復活して鎌倉幕府を作る

源頼朝はヤンキー武家・源氏のプリンスです。**父の義朝から「鬼武者」という若干中二病っぽい幼名をつけられ、まわりから相当チヤホヤされて育ちました。**

ところが、「平治の乱」で義朝が平清盛に負けて殺されると、あと継ぎの頼朝は伊豆の島に流され、**都会のプリンスから田舎のニートへと一気に転落してしまいます。**

源氏と平氏は、最初はともに天皇に仕える仲間でした。しかし、しだいに政治の主導権をめぐって対立するようになり、「平治の乱」が起きたのです。

田舎でくすぶっていた頼朝ですが、**わりとイケメンだったことが幸いしてか、伊豆の有力者の北条時政**

すごい
源頼朝

イエーイ♡
カキーン
北条政子

源頼朝

時代
平安時代～鎌倉時代

身分
征夷大将軍

出身地
京都

別名
鬼武者、鎌倉殿

生没年
1147年～1199年

源義朝の三男。日本初の「幕府」である鎌倉幕府を開き、室町幕府、江戸幕府につながる武士政権の基礎を作った。

の娘・政子のハートを射止め、当時としてはめずらしく恋愛結婚します。

頼朝は、政子の実家の力を借りて「みんなで平氏を倒そう！」と呼びかけます。するといとこの義仲や弟の義経をはじめとして、反平氏の武士が各地で立ちあがったのです！　勢いがついたかれらは、平氏の軍勢をバッタバッタとなぎ倒していきました。

ところが……、**仲間だった平氏に父を殺されたトラウマのせいか、頼朝は仲間を信じられません。**戦で活躍した義仲を義経に殺させると、今度は義経を「裏切り者」として追放し、自害させます。

こうして敵を倒し、味方まで倒して、頼朝は征夷大将軍という日本のトップにまでのぼりつめたのです。

豆 頼朝は征夷大将軍になってから7年後、53才で落馬して亡くなった。

日本一偉くなっても妻の政子の尻にしかれまくり

源頼朝は、ニート時代から鎌倉幕府の成立までを支えつづけてくれた妻の北条政子に、一生頭が上がりませんでした。

頼朝と恋に落ちた政子は、親が決めた婚約者と無理やり結婚式を挙げさせられそうになりますが、雨のなか逃げだし、山をこえて頼朝のもとへもどりました。**「おいおい、頼朝はボンヤリ待っとっただけかい！」**とつっこみたくはなりますが、政子のおそろしいほどの情熱によって、ふたりは結婚したのです。

その5年後、あろうことか妊娠中の政子の目をぬすみ、頼朝は「亀の前」という女性と浮気してしまいます。当然、浮気を知った政子は激怒。**親戚の牧宗親に頼んで、亀の前の家をぶっつぶしました。**

亀の前は何とか逃げ出し無事でしたが、頼朝は「やりすぎじゃない？」とご立腹。**でも、自分の浮気が原因だし、政子はこわいしで、直接文句が言えません。**

はらいせに、実行犯の宗親を呼び出し、武士の命であるチョンマゲを切り落とします。ところが、**今度はそれを知った政子の父・時政が「親戚をコケにされた」と激怒してしまい、頼朝はあわてて謝ったそうです。**

頼朝の死後、息子たちが相次いで暗殺され、政子は鎌倉幕府の実質的な指導者となりました。幕府は北条氏が仕切るようになり、「源氏」の名はたった3代で終わってしまったのです。

浮気はゆるさんでぇ!!

北条政子

時代
平安時代～鎌倉時代

政子が3代将軍・源実朝を妊娠中のときも、頼朝はこりずに別の女性と浮気をして政子を怒らせた。

いくぜっ!!

すごい

源義経

源頼朝の12才年下の弟が、源義経です。**トラウマもちの頼朝とは違い、義経は単純明快な体育会系男子でした。**

父の義朝が殺されたのち、わずか2才で寺に預けられた義経。しかし16才のとき、自分が源義朝の末っ子だと知ると、**「坊さんなんかやってられっか!」**と寺を飛び出し、武士になります。打倒平氏を目指す頼朝に合流してからは、兄にほめられたい一心で、戦で大活躍。「一の谷の戦い」では馬に乗ったまま断崖絶壁からかけ下りて奇襲をかけ、「壇の浦の戦い」では8艘の船に次つぎ飛びうつって平氏を混乱させ、**源氏を圧勝に導いたといわれています。**

イケメンどころかめちゃくちゃ出っ歯

頼朝のために戦で活躍した義経ですが、仲間から「手柄をひとりじめしようとしてる」とチクられたり、頼朝がけむたがっている後白河法皇に気に入られたりした結果、**頼朝から敵認定されてしまいます。**頼朝に追いつめられた義経は、自害してわずか31才で生涯を終えたのです。

義経は、その悲劇性とイケメン頼朝の弟ということで、ドラマでもマンガでも「薄幸の美少年」として描かれがち。でも、『平家物語』には「**義経はちびで出っ歯。だから遠くにいても義経だとすぐわかる**」と書かれています（遠くからでもわかるほどの出っ歯って一体……）。残念ながら『平家物語』は義経の死後まもなく書かれたので、**たぶんこれは真実です。**

やばい

源義経

時代
平安時代～鎌倉時代

身分
武将

出身地
京都

別名
牛若丸、遮那王

生没年
1159年～1189年

豆 頼朝も背は低かったそうなので、そこだけは似たらしい。

第3章 武士の地方の怒れる

室町／戦国／安土・桃山

1338年
足利尊氏が征夷大将軍になる

1455年
足利義政♥日野富子 結婚

1467年
応仁の乱で京都がめちゃくちゃになる

1549年
ザビエルが日本に上陸し、お坊さんと間違われる

1572年
三方ケ原の戦いで武田信玄が徳川家康に圧勝し、家康はうんこをもらす

時代

平安時代に京都の貴族たちが遊んでいたせいで、地方はどんどんまずしくなる一方。まずしさへの怒りが原動力となり、地方の武士の力がどんどん増します。そしてその力が爆発し、天下統一をめぐってあちこちで戦が勃発する戦国時代となったのです。

1573年
織田信長が室町幕府をほろぼす

1578年
上杉謙信がトイレで死去

1579年
竹中半兵衛、戦中に死去

1582年
本能寺の変で信長が死去

1590年
豊臣秀吉が全国を統一する

1590年
伊達政宗が謀反に失敗。はりつけ台を背負って謝罪、ゆるされる

1591年
千利休が秀吉になんくせをつけられ、切腹

1598年
秀吉が死去

1600年
関ケ原の戦いで敗れた石田三成が処刑される

1615年
大坂夏の陣で真田幸村が家康を追いつめる

この時代のざっくりマンガ解説

尊氏は室町幕府を開きましたがしばらくたつと

ボケ〜ッ

わし政治に興味ないんだよね〜…

8代将軍 足利義政

もう幕府はダメだな……

つーかいまの弱った幕府なら…
おれら従う必要なくね？
守護大名たち

そしてさっそうと全国に現れたのが
天下取るぞ！
わしら戦国大名じゃあ！
毛利元就
北条早雲
斉藤道三

カーーン
そのなかでもとくに強かったのが
この男
織田信長

まずは強力なライバル
桶狭間アッパー
今川義元を倒すと

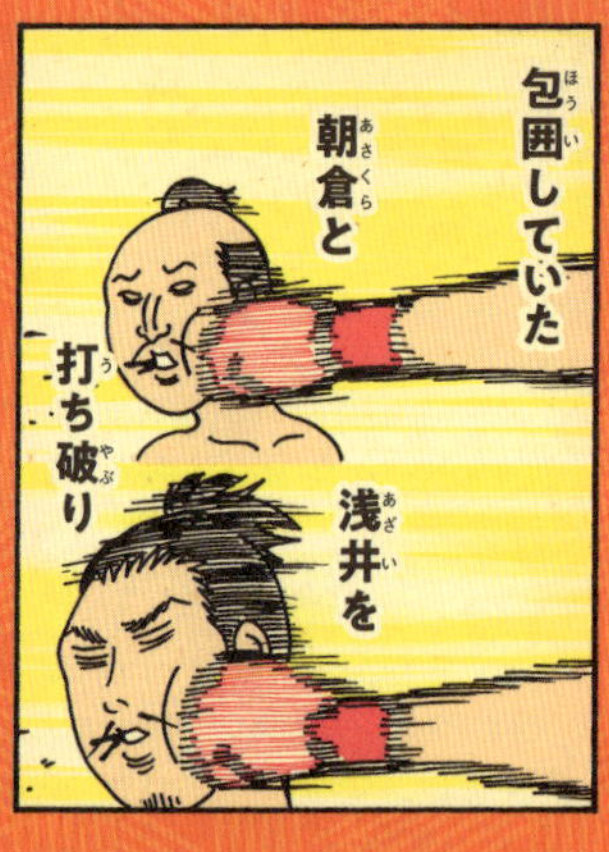
包囲していた
朝倉と
浅井を
打ち破り

長篠の戦いで武田軍も
コテンパンに
します
三段撃ち
ストレート

いや〜
わしって
最強じゃな!
さあ
天下を取るぞ
光秀!
家臣 明智光秀

本能寺
フック
えっ
シャコッ

フフ……
だましうちしてやったぜ
さて 代わりに
天下を取ってやるか……

ですが信長の部下
豊臣秀吉が
大返しボディ
あっという間に光秀を倒します

そしてそのまま
一気に天下統一！
ワ
ア
ア
ア
ついに戦国の世を
終わらせたぞオオ！
KANPAKU

だ…だが…
さすがに
寿命には
勝てんわい
ス…
徳川家康

いっ…家康殿！
わしが
死んだあとも
息子のことを
頼むぞ…！
もちろんです…

頼む！
頼むぞ！
しれっと
天下取ったら
怒るぞマジで！
だいじょうぶ！
だいじょうぶですって！

しかし家康は
しれっと天下を取り
江戸幕府を開きます
長き繁栄をきずいた
かれこそが
真のチャンピオンと
いえるでしょう！
ワ
ア
ア
ア
EDO

この時代のざっくり人物相関図

日本史でいちばん男くさい雰囲気がただよっていたかもしれないこの時代、おもな武将たちの関係はざっくりこんな感じです。

クールな軍神
上杉謙信
この世は無情

ライバル

最強軍団の王
武田信玄
信長ゆるさん

仲良しだったけどキライ

美意識のカタマリ
千利休
成金は下品や

キライ
部下

病弱軍師
竹中半兵衛
評価してくれる人に仕えます！

仲良し
部下

①本書をお買い上げいただいた理由は？
（新聞や雑誌で知って・タイトルにひかれて・著者や内容に興味がある　など）

②本書についての感想、ご意見などをお聞かせください
（よかったところ、悪かったところ・タイトル・著者・カバーデザイン・価格　など）

③本書のなかで一番よかったところ、心に残ったひと言など

④最近読んで、よかった本・雑誌・記事・HPなどを教えてください

⑤「こんな本があったら絶対に買う」というものがありましたら（解決したい悩みや、解消したい問題など）

⑥あなたのご意見・ご感想を、広告などの書籍のPRに使用してもよろしいですか？

1　可　　　　2　不可

※ご協力ありがとうございました。

【やばい日本史】103951●3110

郵便はがき

料金受取人払郵便

渋谷局承認

2302

差出有効期間
2027年12月
31日まで
※切手を貼らずに
お出しください

150-8790

130

〈受取人〉
東京都渋谷区
神宮前 6-12-17
株式会社ダイヤモンド社
「愛読者クラブ」行

本書をご購入くださり、誠にありがとうございます。
今後の企画の参考とさせていただきますので、表裏面の項目について選択・ご記入いただければ幸いです。

ご感想等はウェブでも受付中です(抽選で書籍プレゼントあり)▶

年齢	(　　　)歳	性別	男性 / 女性 / その他
お住まいの地域	(　　　)都道府県 (　　　)市区町村		
職業	会社員　経営者　公務員　教員・研究者　学生　主婦 自営業　無職　その他(　　　)		
業種	製造　インフラ関連　金融・保険　不動産・ゼネコン　商社・卸売 小売・外食・サービス　運輸　情報通信　マスコミ　教育 医療・福祉　公務　その他(　　　)		

DIAMOND 愛読者クラブ メルマガ無料登録はこちら▶

書籍をもっと楽しむための情報をいち早くお届けします。ぜひご登録ください!

- 「読みたい本」と出合える厳選記事のご紹介
- 「学びを体験するイベント」のご案内・割引情報
- 会員限定「特典・プレゼント」のお知らせ

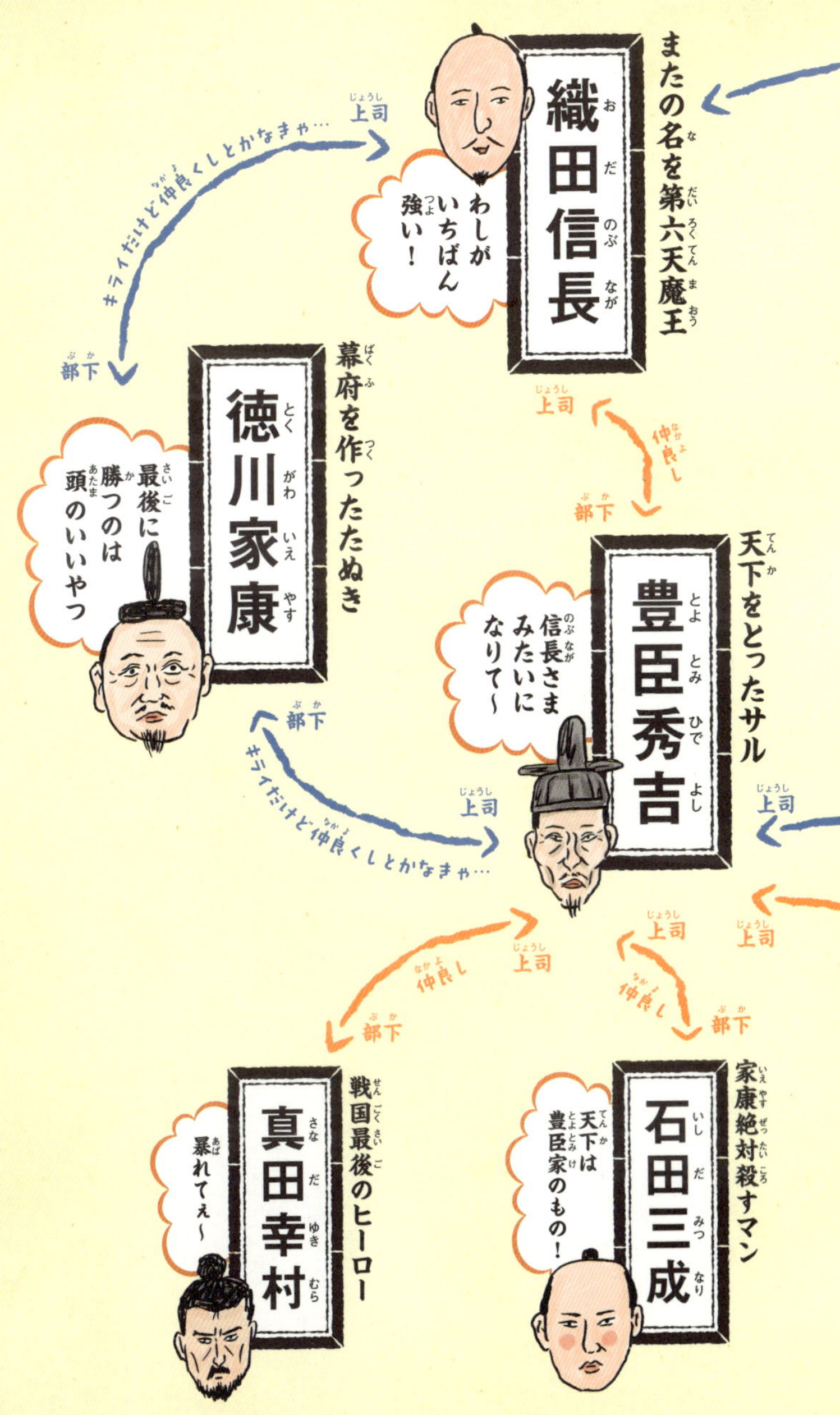
またの名を第六天魔王
織田信長
わしがいちばん強い！
上司
キライだけど仲良くしとかなきゃ…
部下
幕府を作ったたぬき
徳川家康
最後に勝つのは頭のいいやつ
上司
仲良し
部下
天下をとったサル
豊臣秀吉
信長さまみたいになりて～
部下
キライだけど仲良くしとかなきゃ…
上司
上司
上司
仲良し
部下
上司
仲良し
部下
上司
戦国最後のヒーロー
真田幸村
暴れてぇ～
家康絶対殺すマン
石田三成
天下は豊臣家のもの！

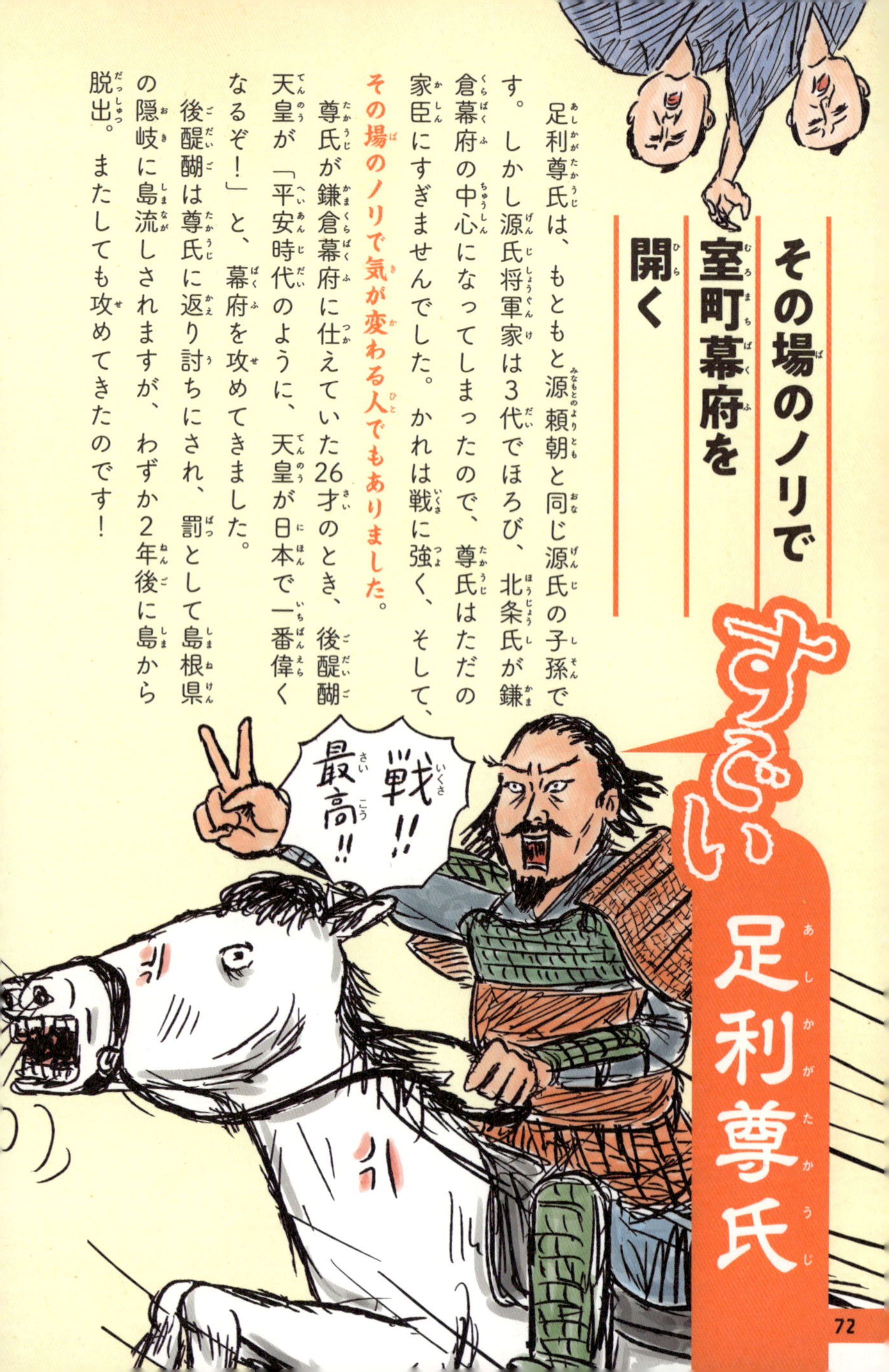

すごい足利尊氏

その場のノリで室町幕府を開く

足利尊氏は、もともと源頼朝と同じ源氏の子孫です。しかし源氏将軍家は3代でほろび、北条氏が鎌倉幕府の中心になってしまったので、尊氏はただの家臣にすぎませんでした。かれは戦に強く、そして、**その場のノリで気が変わる人でもありました。**

尊氏が鎌倉幕府に仕えていた26才のとき、後醍醐天皇が「平安時代のように、天皇が日本で一番偉くなるぞ!」と、幕府を攻めてきました。

後醍醐は尊氏に返り討ちにされ、罰として島根県の隠岐に島流しされますが、わずか2年後に島から脱出。またしても攻めてきたのです!

尊氏はそのド根性に感動してしまい、後醍醐に「いっしょに幕府を倒そうぜ！」とさそわれると、**北条氏を裏切って大暴れして、鎌倉幕府を滅亡させてしまいます。**

2年後、尊氏の弟・直義が守る鎌倉で、北条氏の残党による反乱が起きました。ところが、後醍醐は知らんぷりして助けてくれません。尊氏は勝手に反乱を制圧するしかありませんでした。

そのとき耳にした武士たちの「後醍醐さんの天皇中心の政治のせいで、武士の立場がありませんよ。正直やってらんないっす！」というグチに再び心動かされた尊氏。**肝心なときに助けてくれない後醍醐を裏切って、鎌倉で武士中心の幕府を作りなおそうとしました。**

これにキレた後醍醐は尊氏を殺そうとしますが、戦が得意な尊氏軍にボロ負け。こうして尊氏は京都で室町幕府を開いたのです。

ごだいごー

アニキー!!

足利直義

足利尊氏

時代
室町時代

身分
征夷大将軍

出身地
京都

別名
足利高氏

生没年
1305年－1358年

源頼朝と同じ、源氏の子孫。北条氏が率いる鎌倉幕府をほろぼし、弟の直義とともに京都に室町幕府を開いた。

ミュージカルに夢中になって弟に怒られ、逆ギレ

ノリがいい足利尊氏は、考えがコロコロ変わります。それは目先のことしか考えないからです。そのせいで迷惑をこうむっていたのが、弟の直義でした。

じつは、後醍醐を怒らせて殺されそうになったとき、尊氏はお寺に引きこもっていました。**天皇に逆らうのは重罪だったため、ビビって出家しようとしていたのです。**しかたがないので、尊氏がやる気を出すまでの間、直義はひとりで戦いました。

室町幕府がスタートしてからも、直義の苦労はつきません。尊氏が得意なのは戦だけだったので、**政治を直義に**

やばい

足利尊氏

時代

室町時代

丸投げしたのです。

一方、ひまになった尊氏は、当時大流行していた田楽（和風ミュージカルのようなもの）見物にあけくれていました。そのため直義は「大事な会議のときに将軍がいないと困るよ……。田楽見物は決められた日だけ！」と「ゲームは1日1時間だけ！」的に尊氏をしかりました。

がまんの限界に達した直義は尊氏と対立し、戦闘に勝ちます。ところが、負けた尊氏に反省のそぶりはなし。

それどころか、かげで直義派の武士を襲ったりおどしたりして、無理やり味方にしてしまいました。最終的に直義をつかまえて幽閉し、毒殺したといわれています。さんざん迷惑をかけたあげく、何という仕打ちでしょうか。

しかし、直義頼りだった尊氏の政治がうまくいくはずもありません。ほどなくして直義派の臣下に反乱を起こされ、尊氏はその戦いの日々のなかで死んでしまいました。

豆　自分で殺しておきながら、尊氏は直義への罪ほろぼしのために毎日地蔵菩薩の絵を描いていたといわれている。

好きなように
生きて
何が悪いのさ

すごい日野富子

やる気のない夫にかわり政治をあやつる

室町幕府8代将軍・足利義政は働くのがきらいでした。一方、妻の日野富子は働くのが好きで、頭もキレました。

政治の仕事がいやすぎる義政は、弟の義視に将軍職をゆずる約束をしますが、その後すぐに富子があと継ぎの義尚を出産。**どっちを次の将軍にするかで大問題になります。**

そこにもともと勢力争いをしていた武将たちまで参加したものだから、さあたいへん！　11年も続く「応仁の乱」に発展し、京の都は火の海です。

そこで富子は、**天皇を味方につけ、義政にかわって武将たちを買収することで、見事に乱を終わらせました。**そして息子の義尚を9代将軍にし、政治をとりしきったのです。

日野富子

時代
室町時代

身分
将軍御台所

出身地
京都

別名
天下の悪女

生没年
1440年－1496年

じつは、富子が義政と結婚したとき、すでにかれには今参局という側室※がいました。今参局は義政の乳母。母親がわりの人を側室にした義政はかなりの変態といえます。

しかも、今参局は政治にも口出ししまくりで、正妻気取り。当然、富子がそれをゆるすはずもありません。

あろうことか、義尚の兄にあたる息子の死を利用して「今参局が嫉妬して、息子を呪い殺したのよ！」と、すごいいちゃもんをつけたのです。身の危険を感じた今参局は義政の計らいで滋賀県の沖島へ逃げますが、結局、富子の指示で暗殺されたそうです。

※側室……身分の高い人の愛人。

フランシスコ・ザビエル

すごい

日本にはじめてキリスト教を伝える

応仁の乱でボロボロになった日本にやってきて、**西洋の宗教「キリスト教」を広めたのが、フランシスコ・ザビエルです。**

ザビエルはヨーロッパのナバラ王国の貴族の家に生まれましたが、6才のときに戦争で国が消滅。そのストレスで父が亡くなり、住んでいた城も壊され、**戦争が心底いやになったザビエルは、神様に仕える司祭の道を選んだのです。**

ザビエルは6人の仲間とイエズス会というチームを結成し、世界中にキリスト教を広める活動をはじめます。

インドで宣教※していたザビエルは、薩摩（鹿児島）からマレーシアに逃亡中のアンジロウという日本人に出会います。アンジロウは人殺しをしたものの、罪を反省し、救いを求めキリスト教徒になった人。**その信仰心に感動したザビエルは、日本に行くことを決意したのです。**

薩摩に着いたザビエルたちは守護大名の島津貴久から「宣教してもいいよ」と許可をもらいますが、仏教の僧侶たちが「バテレン（司祭）は僧侶をバカにしてる！」と怒ったため、平戸（長崎）や周防（山口）に移動。周防では日本初の教会堂を与えられ、600人もの日本人がキリスト教徒になりました。

戦で人を殺したり家族を死なせたことで苦しんでいた日本人にとって、**ザビエルの「神様を信じれば罪がゆるされる」という教えは大きな救いとなったのです。**

※宣教……宗教を広めること。宣教する宗教者を宣教師とよぶ。

フランシスコ・ザビエル

時代
戦国時代

身分
司祭、宣教師

出身地
スペイン

称号
バテレン

生没年
1506年-1552年

イエズス会の宣教師。20才のときパリ大学に入学しキリスト教を学んだのち、日本やインドにキリスト教を広めた。

歓迎ムードと思いきや仏教のお坊さんとかん違いされてただけ

ザビエルの通訳として日本に帰ってきたアンジロウは薩摩藩の島津貴久に紹介したそうです。でも、ザビエルはインド生まれじゃないし、司祭とお坊さんは別物です。この雑な説明が、大いなる誤解をまねきます。インドは仏教を開いたブッダが生まれた国なので、ザビエルは「仏教の本場から来た偉いお坊さん」とかん違いされたのです。さらにアンジロウがキリスト教の神様のことを「大日（大日如来という仏様のこと）」と日本語訳したものだから、ザビエルは「大日を信じなさい」と言っていることになり、ますます仏教のお坊さん感がアップ。ヘアスタイルもお坊さんっぽかったせいか、誤解に気づく人もいません。薩摩の僧侶たちはザビエルを大歓迎してお寺にまねき「大日様っ

「この人はインドから来たお坊さんです」と

て、スゴイよね〜」などと意気投合します。

ところが、話題が僧侶たちの恋愛事情におよぶと事態が急変。当時の僧侶は女性と恋愛禁止でしたが、男性どうしの恋愛はOKでした。しかしキリスト教ではNGだったので、ザビエルが「そんな恋愛ダメ、絶対！」と怒ったのです。

僧侶たちはようやく**「あれ、これ宗教が違うんじゃない？」**と気づき「おれたちの恋をバカにするな！」と激怒して、ザビエルたちを薩摩から追い出しました。

誤解に気づいたザビエルは、その後神様のことを「大日」ではなく「デウス」とラテン語で呼ぶようになったそうです。

時代
戦国時代

豆 ザビエルの髪型は、はげているのではなく「トンスラ」というキリスト教特有のもの。

思いこみってこわいよネ

戦国時代最強の軍隊を作った「甲斐の虎」

京都の室町幕府が応仁の乱で弱り、権威を失うと、全国各地の守護大名や有力武将が力をつけはじめます。**戦国大名の登場です。**

武田信玄は「甲斐（山梨）の虎」とよばれた武将。信玄の父は甲斐を最初に統一した実力者・武田信虎です。しかし信虎はなぜか長男の信玄をきらい、次男をあと継ぎにしようとしたた

すごい

武田信玄

め、信玄は父を追放し、21才の若さで家を継ぎました。

甲斐を守るのは人との信頼関係だと考え「人は城、人は石垣、人は堀」という名言を残した信玄。**この言葉どおり、石垣や堀ではなく、部下へのお給料にたっぷりお金を使いました。**

そのため武田軍の戦力と結束力は戦国時代最強で、「武田二十四将」とよばれる24人のスゴ腕を中心に、激しい戦に勝ってどんどん領土を広げていったのです。**なかでもライバルの上杉謙信との決戦はとくに激しく、10年以上5回におよびました。**

50才になったころ、信玄は天下統一を目指す織田信長を阻止するために、信長と同盟を結んでいた徳川家康と対決します。この「三方ヶ原の戦い」で、武田軍は圧勝するものの、途中で甲斐に引き返します。**それは信玄が病気で倒れたから。**

信玄は信長に侵略されることをおそれ「わたしの死は3年間秘密にしておくように」と言い残し、息を引き取りました。

武田信玄

時代
戦国時代

身分
甲斐守護大名

出身地
山梨

別名
甲斐の虎

生没年
1521年-1573年

甲斐（山梨）の武将。上杉謙信と何度も戦を交える。家康に圧勝し織田信長を追い詰めるも、志なかばで病死した。

マッチョなイメージのある武田信玄ですが、**イケメンにはメロメロでした。**じつは戦国時代は「男どうしの恋愛はかっこいい」という感覚で、織田信長や伊達政宗にもふつうに男の恋人がいたのです。

信玄がもっとも愛したといわれているのが春日源助という少年。源助は身分の低い農民出身でしたが、よっぽど美少年だったのか、父が死んで天涯孤独のところを信玄に拾われて家臣となりました。信玄は源助を気に入り、猛アタックをしかけます。このといまも昔も弥七郎とは一線をこえてません！本当です！

あなたと付き合いたくて走り回っているのに、かえって疑われてしまうのは困ります……（涙）。

このことは神様仏様にちかって本当です！もしうそなら、わたしにはバチが当たるでしょう。

君の♡
信玄より

き信玄は25才、源助は19才です。

しかし、源助はつれない態度で信玄を拒否します。信玄がこっそり弥七郎という別の少年にもアタックしていたのがバレたのです。あわてた信玄は、源助にいいわけの手紙を送ります。

このラブレターは、いまでも実物が残っているのですが、勢いがはんぱではありません！　最強軍団をひきいる信玄が、必死にヘコヘコ謝っているのです。権力にものをいわせて無理やり恋人にできそうなものですが、信玄は源助にきらわれるのがよっぽど怖かったんですね。

ちなみに、信玄は弥七郎にもフラれています。もしかしたら、当時の男どうしの恋愛に、身分は関係なかったのかもしれません。

豆 成長した源助は春日虎綱という強い武将になり、「武田二十四将」のひとりとして信玄を支えた。

上杉謙信

他国のためにも戦う「越後の龍」

越後（新潟）を統一し「越後の龍」とよばれた上杉謙信ですが、子ども時代はお坊さんとして育てられていました。ところが、越後を継いだ兄の晴景には政治の才能がなく、反乱が起きます。**そこにわずか14才の謙信が武将として登場！** たちまち反乱をしずめ、家を継いだのです。**謙信は生涯70回も戦に出かけ、勝率は9割以上だったといわれています。**

謙信は戦だけでなく正義感も強い人でした。困っている国があれば援軍を送り、**ライバルの武田信玄が塩不足で困っていたときでさえ、塩を送ってあげたといいます。**

謙信と信玄が対決した「川中島の戦い」は決着がつきませんでしたが、信玄は息子に「わたしの死後は上杉を頼れ」と遺言するほど、謙信を信頼していました。

上杉謙信

やばい

時代
戦国時代

身分
越後守護大名

出身地
新潟

別名
越後の龍

生没年
1530年～1578年

クールすぎて家族がドロ沼のケンカになる

もともとお坊さんだった謙信は、野心がなくクールでした。他国のことは積極的に助けましたが、越後の将来は深く考えていなかったようです。

クールな謙信は生涯結婚しませんでした。そのかわり、あと継ぎ候補としておいの景勝と、北条家の景虎を養子にします。

でも、謙信はどちらをあと継ぎにするか決めないまま、49才のときに寒いトイレでうんこをキバり、脳の血管が破裂して急死。

景勝と景虎は、ドロ沼の内乱のすえに景勝の勝利で決着をつけますが、そのころにはもう、越後の土地も家臣も民衆もボロボロでした。

すごい織田信長

室町幕府をほろぼし天下統一にチャレンジ

究極のワンマン大名、それが織田信長です。戦を好み、せっかちで怒りっぽい一方で、ひじょうに頭がキレました。

信長は18才で父のあとを継ぐと、次つぎと戦に勝って尾張（愛知）を統一。そして27才のとき**「桶狭間の戦い」で、わずか2500の兵で10倍の2万5000の今川義元軍に大勝利！**　華麗に全国デビューを果たしたのです。

イケイケの信長は、当時すっかり力をなくしていた室町幕府将軍家の足利義昭に**「わしと仲良くした**

ら、将軍家がまたテッペンとれるようにしてあげますよ」と近づき、義昭を15代将軍の座につけます。でも義昭が**「あれっ……わたし、あやつられてない？」**と気づいて信長と対立すると、サクッと義昭を追放。こうして室町幕府は滅亡しました。

そこからはもう完全に信長のターン。海外から大量に仕入れた鉄砲で戦に勝ちまくり、商人が少ない税金で自由に商売ができる「楽市楽座」で経済を活性化します。そのお金でまた戦に勝ち、**信長の天下統一は目前でした。**

しかし49才のとき、**旅の途中で宿泊した本能寺で、突然、家臣の明智光秀に襲われます。**本能寺に火をつけられて逃げ場を失っても、信長は堂々としたものでした。そして「……。是非に及ばず」とつぶやくと、侍女※たちを逃がし、自分は静かに切腹したそうです。

※侍女……食事やそうじなど、身の回りの世話をする女性のこと。

織田信長

時代
戦国〜安土・桃山時代

身分
尾張守護大名、天下人

出身地
愛知

別名
うつけ、第六天魔王

生没年
1534年-1582年

尾張（愛知）の武将。天下統一を目指し、戦に連勝するが、家臣の明智光秀に裏切られ「本能寺の変」で自害。

織田信長は名門・織田家の長男として生まれますが、きびしい父に反抗し、悪い仲間たちと遊んでばかりで「うつけ（＝バカ）」とよばれる始末。

無造作ヘアで、着物は半ぬげ、短い袴の腰にひょうたんをぶらさげ、もちや柿を立ち食いしながら、町中をだらだら歩いていました。まるで腰にチェーンをじゃらじゃらつけたヤンキーのような、わかりやすい不良っぷりです。

父親のお葬式でも、信長のスタンスはかわりません。うつけファッションで現れ、※位牌にお香を投げつけました。でも、それを見た世話係のじいやが責任を感じて切腹してしまい、さすがの信長も反省してうつけを卒業したそうです。

38才になった信長は、自分にはむかった延暦寺を焼き討ちにし、女性や子どもをふくめ何千人も殺害します。あまりの残虐さに、武田信玄が怒りの手紙を送りますが、**信長は返事に「第六天魔王 信長」というイタいサインを書いて出します。**

第六天魔王とは仏教の敵の悪魔のことで、現代風にいいかえるなら**「暗黒の破壊神 信長」**とか**「堕天使ルシファー 信長」**といった感じでしょうか……。**「わしは第六天魔王だから仏もこわくないし、反省するわけねーだろ！」**という信長の意思がこめられていて、信玄はさぞ腹がたったことでしょう。

まじめな明智光秀は、そんな信長にたえられず「本能寺の変」を起こしたのかもしれません。

※位牌……亡くなった人の代わりにおがむ木の札。

時代
戦国～安土・桃山時代

豆 信長は子どもにキラキラネームをつけている。長男は「奇妙丸」、次男は「茶筅丸（茶道具のこと）」、九男はなんと「人」。

わしを止められるのはわしだけじゃ！

すごい

おしゃれな「わび茶」で戦国武将を虜にする

「わび茶」を完成させた茶人、千利休。わび茶とは、シンプルな茶道具と空間で、静かに楽しむ茶道のことです。

利休はそれをさらに発展させ、あえて粗末な茶碗や、そのへんの竹を茶道具にしました。また2畳くらいのせまい部屋を茶室にして、お客が集中して茶の世界にひたれるように演出。**はりつめた戦場で生きる武将たちにリラックスして本音を話せる場所を提供したのです。**

おしゃれな「わび茶」は織田信長もお気に入りで、ほかの武将たちもこぞって利休に弟子入りしました。こうして、**利休は「茶のカリスマプロデューサー」となったのです。**

千利休

やばい

マネしてもダサイですぞ（笑）

えっ!! ドーン

美意識が高すぎていじわる

織田信長の弟・有楽斎も、利休の弟子でした。あるとき利休がわざと古い大きめのフタをつけた新しい茶入れを使って「わびでしょう？」と言ったので、有楽斎はそっくり真似をしました。

しかしそれを見た利休は「は？　まんま真似したんですか？　その茶入れには新しいフタの方が合うと思いますが……？」とバッサリ。たとえ身分が高くても、美意識の低い人間には容赦しません。

そんな利休にイラついたのが豊臣秀吉です。信長の死後、利休は秀吉に仕え金ピカな茶室の設計を任されたりします。でも、悪趣味をバカにしたのがバレたのか、69才のとき突然秀吉に切腹を命じられました。

時代
安土・桃山時代

身分
茶人、商人

出身地
大阪

別名
茶聖

生没年
1522年～1591年

すごい 豊臣秀吉

まずしい身分から大出世して天下を統一

正確な身分もわからないほどまずしい生まれの豊臣秀吉は、母親の再婚相手にいじめられ「絶対偉いサムライになってやる！」と13才で家を飛び出して、織田信長の家来となります。

何ももたずに生まれた秀吉は、人の心とチャンスを手に入れる努力をおしみませんでした。ある寒い日、秀吉はふところであたためたぞうりを、信長に差し出しました。信長は、この気づかいに感心し、たちまち秀吉を気に入ったそうです。

ほかの家臣たちから「ただの人たらし（ごますりがうまいヤツ）」と思われようと、秀吉は信長の役に立とうと必死でした。10日間で18個もの城を攻め落としたり、味方に裏切られて絶体絶命の信長を戦場から逃がしたりと、**死にものぐるいで戦ったのです**。目的はただひとつ。偉くなるためです！

豊臣秀吉

時代
安土・桃山時代

身分
太政大臣

出身地
愛知

別名
サル、はげねずみ

生没年
1537年-1598年

農民なのか足軽なのか、正確な身分もわからないほどまずしい出身から、織田信長の家来となって天下統一した戦国武将。

信長越え!!

そして信長が明智光秀に倒される「本能寺の変」が起きます。備中（岡山）にいた秀吉は、これまた10日間で200kmを走りぬけ、京都で光秀を討ちました。

信長のかたきを討ったことで、秀吉の発言力は急上昇。わずか2才の信長の孫、三法師のめんどうを見ることで織田家の実権を手にします。信長の死をも利用して、秀吉はのしあがったのです。

その後すべての戦国大名を家臣にした秀吉は、とうとう天皇の次に偉い関白の位を与えられ、**信長にもできなかった天下統一を成しとげました。**

豆 三法師は豊臣家の家臣となるが、関ヶ原の戦いで敗れて亡くなった。

本当のあだ名は「サル」じゃなくて「はげねずみ」

ドラマや小説などでは、秀吉は信長によく「サル」というあだ名で呼ばれています。実際、秀吉に会った朝鮮の使者は「サルにそっくり」と書いていますし、肖像画もサル似。

でも、じつは信長は「はげねずみ」というさらにひどいあだ名で秀吉を呼んでいました。それは信長が秀吉の妻・ねねに送った手紙に書いてあります。秀吉とねねは、当時としてはめずらしく親の反対を押し切って恋

愛結婚したラブラブカップル。しかし出世した秀吉は浮気するようになり、悩んだねねが信長に相談したのです。信長は完全にねねの味方になって、やさしい言葉満載の手紙で返事をします。

尊敬する信長からの手紙を見せられた秀吉は「ヒッ!」と真っ青になったことでしょう。ところが、それでも秀吉の浮気はおさまりません。信長が死に、秀吉が天下を取ると、なんと信長のめいの茶々を側室にします。

茶々がうんだ秀頼は、唯一のあととり息子だったため、秀吉はもうメロメロ。おさえきれない愛情と豊臣家の将来への不安で大暴走してしまい、秀頼のじゃまになりそうなおいを家族ごと皆殺しにしたり、日本だけでなく朝鮮も征服しようと大名たちを出兵させたりと無茶苦茶をやって、家臣に不信感を与えたまま、病気で死んでしまいました。

時代
安土・桃山時代

豆
秀吉の側室は全部で15人以上いたといわれているが、子どもをうんだのは茶々だけだった。

わかっちゃいるけどやめられない

すごい竹中半兵衛

頭脳キレキレで秀吉を大出世させたイケメン天才軍師

「女性のようにきれいな顔だった」といわれる戦国武将・竹中半兵衛。体は弱いが頭がよく、天才軍師※として豊臣秀吉を連勝に導いて、大出世させました。

もともと美濃（岐阜）の守護大名・斎藤龍興の家臣だった半兵衛は、見事な戦略で織田信長軍に勝利するなど、若いころから実績がありました。

しかし龍興がかわいがるのは、ごますりじょうずの無能な家臣ばかり。**それにキレた半兵衛は、16人の部下を引きつれて龍興の稲葉山城を攻め、たった1日で城を乗っ取ります。**

でも、龍興をたっぷりガクブルさせて満足したのか、半兵衛はあっさり半年で城を返却。その後、浅井家に転職したものの1年でやめて山奥にこもり、**ニートになってしまいます。**実績をあげても報われない、**ブラック企業的な武将生活にうんざりし、「働いたら負けだ」と思ってしまったのかもしれません。**

そんな半兵衛のうわさを聞いて家臣にほしくなった信長は、秀吉にスカウトを命じます。最初は居留守を使っていた半兵衛ですが、秀吉の情熱的なアタックに心動かされ、ついに「秀吉さまにならお仕えしましょう」とOKしたそうです。**アツくなりがちな秀吉と、つねに冷静な半兵衛は、まさに最強のコンビでした。**

1579年、半兵衛は肺の病気で倒れますが「武士の死に場所は戦場です」と戦にもどり、36才の若さで亡くなりました。

竹中半兵衛

時代
安土桃山時代

身分
武将

出身地
岐阜

別名
知らぬ顔の半兵衛

生没年
1544年-1579年

戦国武将で、軍師。秀吉の軍師として活躍し、同じく軍師の黒田官兵衛とふたりで「秀吉の両兵衛」とよばれた。

※軍師……戦の作戦をたてる人のこと。武将チームの頭脳担当。

豊臣秀吉

おしっこを顔にかけられ城を乗っ取る

やばい

竹中半兵衛

おしっことといえば半兵衛、半兵衛といえばおしっこ。戦国武将を語る上で、そういっても過言ではありません。

半兵衛の最初の主君、斎藤龍興は14才で家を継いだおぼっちゃまで、仕事もせずお酒と美女にうつつをぬかすアホでした。

まじめな半兵衛のアドバイスは無視され、龍興にどんどん遊びをすすめる斎藤飛騨守という家臣ばかりがかわいがられていました。

オシッコのうらみ!!

そんななか、**半兵衛が突然やぐらの上から顔におしっこをかけられるという事件が発生。**犯人は飛騨守で、立ちションしながら「あれれ～？　ひ弱なお前なんかがわしに歯向かえるのか？」とディスってきました。

半兵衛はポーカーフェイスで静かにその場を立ち去りますが、数日後に稲葉山城へ攻めこみます。そして龍興の目の前で飛騨守を切り殺し、**おしっこのうらみを晴らしたのです。**この展開に龍興はきっとおしっこをチビッたことでしょう。

半兵衛のおしっこエピソードはこれだけではありません。ある日、半兵衛は息子の左京に戦の話を聞かせていました。すると左京が「おしっこに行きます」と立ち上がったので、半兵衛は「**戦の話をしているときに小便とはなにごとか。竹中家の息子なら、むしろ戦の話に夢中になって小便をもらすべきだ！**」と怒ったそうです。半兵衛は、おしっこにふしぎなこだわりがあったのですね。

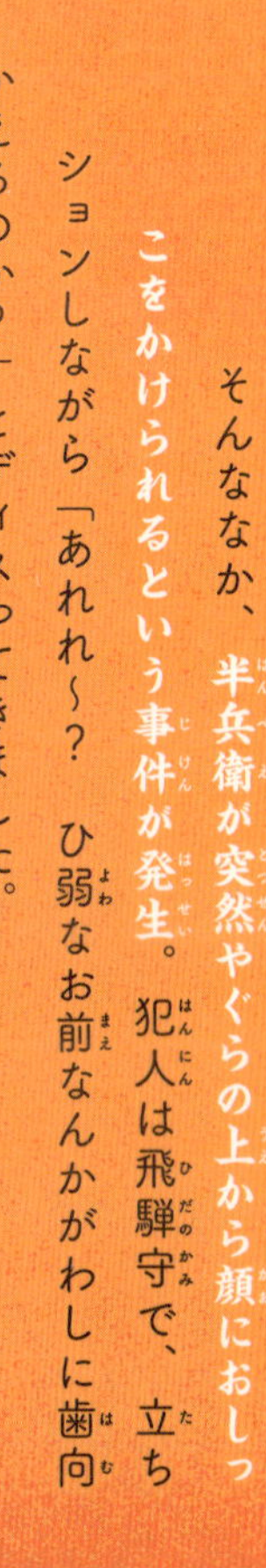

時代
安土・桃山時代

豆
半兵衛は常にポーカーフェイスだったので「知らぬ顔の半兵衛」というあだ名がついた。

すごい石田三成

大好きな豊臣家に一生つくす

お寺で下働きをしていた石田三成は、突然寺に来た秀吉に絶妙な湯かげんのお茶を出したことで気に入られ、その場で秀吉の家臣に引き立てられたそうです。**三成は自分を見いだしてくれた秀吉への恩を、生涯忘れませんでした。**秀吉の死後、力を増した徳川家康に多くの武将が味方しても、三成はずっと秀吉の息子・秀頼の味方でした。とうとう両者は「関ヶ原の戦い」で対決しますが、三成は負けて処刑されます。

三成の城が落ちたとき、蔵の財産はすでにすっからかん。**三成は財産をすべて費やして、豊臣家を守ろうとしたのです。**

きらいな家康への態度がガキっぽい

三成は徳川家康よりも身分が下でしたが、**大好きな豊臣家の権力をねらう家康が心底きらいでした。**

ある工事現場で、三成が浅野長政とたき火にあたっていると、家康がやってきました。長政は三成に「頭巾を取ってあいさつしろ」と言いましたが、**三成は何事もなかったかのように無視。**あせった長政が三成の頭巾をはぎ取り火に投げ入れましたが、三成は無視しつづけました。

また別の日、三成が落としたつえを、家康がひろってくれました。しかし**三成はまたも無視。**「ありがとう」も言わずに立ち去ってしまったのです。

計算高い家康と、頭はいいけどガキっぽい性格の三成。そんなところで、人望に差がついたのかもしれません。

石田三成

時代	安土・桃山時代
身分	武将
出身地	滋賀
別名	さいづち頭
生没年	1560年－1600年

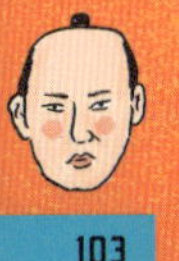

戦国の世を勝ち抜き平和な江戸幕府を作った

すごい 徳川家康

「たぬきオヤジ」とよばれた徳川家康。人をだます妖怪だぬきのように、ずるがしこかったからです。「本能寺の変」で織田信長が死んだあと、豊臣秀吉の家臣になった家康は、家臣のトップ5の五大老にまでのぼりつめます。家康は秀吉から「息子の秀頼を頼む」とお願いされますが、**秀吉が死ぬとコロリと態度をかえ、有力な大名たちと親戚になって徳川家の味方を増やしていったのです。**

これに怒った石田三成が挙兵し、天下分け目の「関ヶ原の戦い」がはじまりました。戦いは最初、三成側が有利でしたが、**家康が根回しをして小早川秀秋を寝返らせたことで大逆転。**見事に家康は勝利を手にします。

新しい天下人となった家康は、天皇から征夷大将軍の位をもらい、江戸幕府を開きます。**すると今度は秀吉の息子・秀頼がじゃまになってきました。**そこで秀頼がお寺へ奉納した鐘に「**国家安康**（国が平和でありますように）」と書かれていることに目をつけて「**家康の字**がまっぷたつだ！ これは反逆だ！」と、**いちゃもんをつけて豊臣家に戦をしかけました。**

この大坂の陣では、味方の少ない豊臣軍はやられっぱなしで、秀頼は母の茶々とともに大坂城で自害し、豊臣家はほろびました。

たぬきオヤジの家康ですが、じゃま者をしっかり消し去ったおかげで、江戸時代はとても平和な時代になりました。

豆 豊臣家をほろぼしたとき、家康は74才だった。

「関ヶ原の戦い」に勝利し、戦乱の世を終わらせた。征夷大将軍となり、15代260年あまり続く江戸幕府を開いた。

徳川家康

時代 安土・桃山～江戸時代

身分 三河守護大名、征夷大将軍

出身地 愛知

別名 たぬきオヤジ

生没年 1542年～1616年

武田信玄がこわすぎてうんこをもらす

織田信長が15代将軍・足利義昭と対立していたときのこと。織田家と仲良くしていた徳川家康も、ともに戦うことになりました。

不運にも家康は「三方ヶ原の戦い」で、義昭に味方する武田信玄と真っ向から戦うはめになってしまったのです。

29才の若造の家康に対し、相手は戦国最強の武田軍。当然まったく歯が立たず、1000人以上の死傷者を出してしまいます。自分の身代わりになった部下が次つぎと死んでいくのを横目に、家康は必死で逃げまくりました。

その恐怖たるやすさまじく、**家康は途中でうんこをもらしてしまいます。**ようやく浜松城に帰ったとき、家康のよごれたおしりを見た家臣が「**殿、ビビってうんこをもらしたのですな！ なんと情けない！**」とさけんだので、家康は「**こ、これはクソではない！ 腰に付けてた非常食のミソじゃ！**」と言ってなんとかごまかしました。（いや、くさいし、たぶんごまかせてませんが……）。

家康はこのときの情けない顔とへんなポーズをした肖像画を描かせました。あえて絵に残すことで、恥ずかしい経験をバネにしようとしたんですね。さらに家臣には「**よごれが目立たないように、白じゃなく黄色のふんどしを使うといいよ**」とアドバイスまで与えました。うんこもらしまで教訓にするとは、さすが後の天下人！ まことにあっぱれです。

時代
安土・桃山～江戸時代

豆
家康は大好物のタイの天ぷらを食べすぎて倒れ、その4か月後に亡くなった。

もらしてからが本番じゃ

すごい真田幸村

家康を追いつめた戦国時代最後のヒーロー

強大な敵・徳川家康に挑んだヒーロー、それが真田幸村です。あまり力のない真田家の次男として生まれた幸村は、若いころは上杉景勝や豊臣秀吉のもとで人質生活を送ります。

そのため武将デビューは遅く、33才のときの「関ヶ原の戦い」から。

じつは関ヶ原の戦いで、**真田家の兄弟は敵と味方に分かれます**。石田三成の親戚だった父・昌幸と次男・幸村は西軍に、徳川家康の養女を妻にした長男・信幸は東軍についたのです。

このとき幸村は、徳川家康の子・秀忠にあざやかな勝利をおさめ、一気に有名人になります。幸村は、関ヶ原に向かう途中の秀忠を**「おーい！ 家康のバカ息子！」**とからかい、まんまと怒って突進してきたところを待ちかまえて襲撃したのです。

ところが、結局西軍は負けてしまい、幸村は父とともに流罪になってしまいました。しかし14年後に脱走し「大坂の陣」で再び家康と戦います。**幸村は少ない兵ながら激しい攻撃をしかけ、家康を切腹寸前まで追いつめたのです。**

しかしギリギリで家康の味方がかけつけ、幸村はきずを負って逃げます。木にもたれて休んでいたところを敵に見つかると、フッと笑って**「おれの首をとって手柄にしな」**と言ったそうです。幸村は最後までかっこよく、まさに戦国時代最後のヒーローでした。

真田幸村

時代
安土・桃山～江戸時代

身分
武将

出身地
長野

本名
真田信繁

生没年
1567年～1615年

豊臣家に仕えた信濃（長野）の武将。ひじょうに頭がよく、徳川秀忠への勝利を皮切りに、徳川家康を何度も困らせた。

豆 「幸村」は江戸時代に大ヒットした本でのよび名で、本名は信繁。

ニートになって お金とお酒を 兄にたかる

やばい 真田幸村

関ヶ原の戦いで西軍が負けたとき、真田幸村と父・昌幸は処刑されかけました。

しかし、東軍についていた兄の信幸が「父と弟を助けてください！田舎でおとなしくさせますから！」と家康にすがったので、流罪ですんだのです。

和歌山にある高野山のふもとに流された幸村親子は、妻子や数人の家臣たちとボロい家に住んでいました。働くことも外出することもできず、不本意とはいえ、その生活はヒマ

このツボに焼酎を
おつめくだされ。
いっぱいつめて、
こぼれないように
ツボの口を
しっかりしめてください。
ツボふたつぶん、
どうかお願いします。
でも、ふたつぶんより
焼酎があるなら、
それもいただきたいです。
幸村より

をもてあますニート同然。

　お金もぜんぜんなかったようで、あせった昌幸は徳川家に味方した四男に手紙で助けを求めています。

　結局、苦しい生活で身も心もつかれ果てたせいか、昌幸は病気になって11年後に亡くなりました。

　ところが、幸村はのんきそのもの。お金がないのに大好きな焼酎はがまんできなかったのか、兄の家臣にツボをふたつ送りつけ、図々しく酒をねだります。

　流罪になっていた14年間、幸村はいろんな人にたかりつづけました。そのあげく脱走して家康に襲いかかったのですから、肩身のせまい思いをしながらお金や酒を送りつづけた徳川サイドの真田家の人びとは「いいかげんにしろ！」と思ったことでしょう。

時代
安土・桃山～江戸時代

豆 生活苦のせいか、40代のときの幸村は「白髪になり、歯もぬけて病気がちになった」と手紙に書いている。

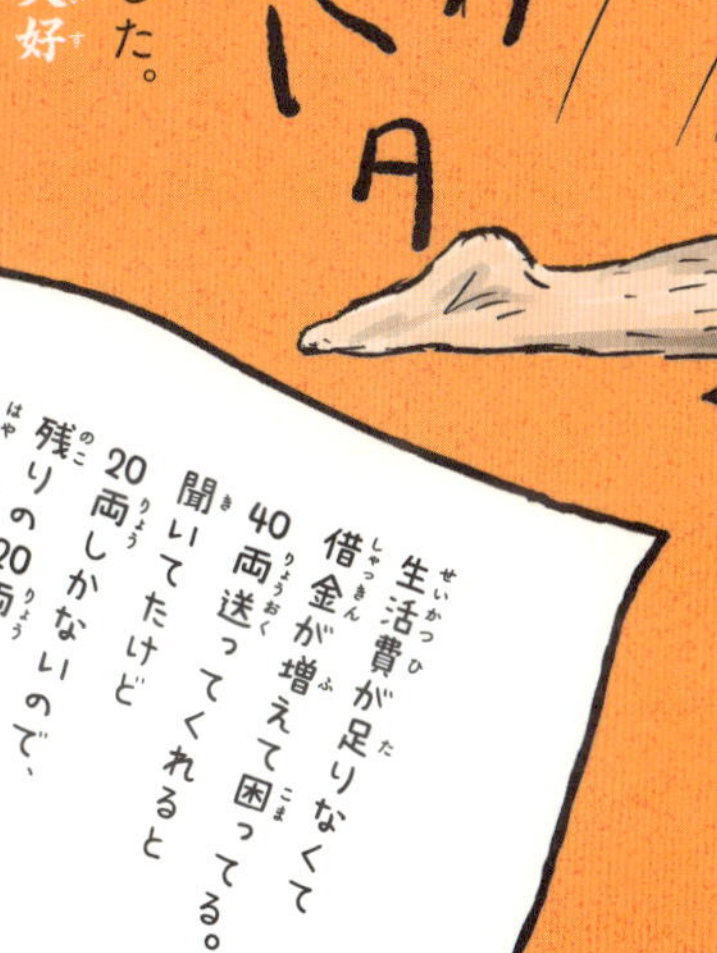

スペインと組んで江戸幕府を倒そうとする

「独眼竜」というかっこいいよび名で知られる伊達政宗。「独眼」とは目がひとつという意味です。

5才のときに病気で右目の視力を失ってしまった政宗は、いつもメソメソしていました。「このままではいけない」と事態を重く見た家臣の片倉小十郎は、政宗を押さえつけ、**なんと右目の眼球を刀でえぐり出します！** どう考えてもトラウマものの暴行ですが、**政宗は「スッキリした！」とごきげんで、それから堂々とふるまうよう**

すごい

ドリームズ
カム
トゥルー!!

になったそうです。

18才で家を継いだ政宗は、周辺諸国との戦に連勝し、23才で奥州（東北地方）の3分の1の領土を手にしました。勢いにのった政宗は天下統一を目指しますが、豊臣秀吉に先をこされてしまいます。

でも、政宗は秀吉が死んで江戸時代になっても天下取りの野望をすてず、**当時だれもやっていなかったスペインとの貿易を利用して、幕府を倒そうと計画します**。

政宗は巨大な船を作り、家臣たち180人をスペインに派遣。予定ではスペインと軍事同盟を結んで大艦隊とともに帰国するはずでしたが、幕府がキリスト教禁止令を出してしまったため、同盟は失敗に終わります。

夢は敗れたものの、決して逆境にめげない政宗は**「生まれるのが20年早ければ天下人になれた」**とたたえられるようになったのです。

豆 真田幸村は子どもたちを政宗にたくし、仙台真田家として生きのびた。

徳川家3代に仕え、仙台藩を大きく発展させた武将。豊臣秀吉にも仕えたが、たびたび裏切りも起こした。

伊達政宗

時代
安土・桃山～江戸時代

身分
出羽、陸奥守護大名、仙台藩主

出身地
宮城

別名
独眼竜政宗

生没年
1567年～1636年

謝罪の方法がどう考えてもふざけすぎ

やばい 伊達政宗

政宗が23才のとき、天下を統一した秀吉から「北条家を攻めるから、参加しろ！」と命令が下りました。でも伊達家は北条家と同盟を組んでいたので、政宗はどっちの味方につこうかグダグダ迷います。

結局秀吉に従うことに決めたころには、戦はすでに終わりかけ。戦に遅刻するなんて、伊達家が秀吉にぶっ潰されてもおかしくない大失敗です。ところが、アイデアマンだった政宗は死装束を着て秀吉に会いにいき、「おくれてすみません！　じつは次男をひいきしてる母

に毒をもられて死にそうになってたんです。うそじゃないっす。でも結果的に秀吉さまを怒らせちゃったんで、おれは死ぬ覚悟で来ました！」と、怒濤のいいわけとともに頭を下げました。それにドン引きしたのか、逆に「あっぱれ」と思ったのか、秀吉はついゆるしてしまいます。

こりない政宗は、次の年も反乱を起こそうとして秀吉にバレます。またしても政宗は死装束姿になりますが、それでは芸がないと思ったのか、金ピカのはりつけ台を自分でかつぎ、町中をパレードしながら秀吉の元へ行って謝り倒しました。

その後「関ヶ原の戦い」のときも反乱に失敗し、徳川家康に謝っています。いくらなんでも反乱しすぎ、バレすぎですが、ぜんぶゆるされているのはもはや天才的です。

時代

安土・桃山〜江戸時代

豆 政宗の子孫は「政宗は実の母に毒を盛られた」という衝撃的な話を残しているが、現代ではただの遅刻のいいわけと考えられている。

江戸

第4章 徳川家の時代

刺激はないけど平和な

1603年
徳川家康が江戸幕府を開く

1612年
「禁教令」によってキリスト教が禁じられる

1615年
徳川家康が、大坂夏の陣で豊臣家をほろぼす

1615年
幕府が「武家諸法度」を定め、全国の大名にきびしいルールが決められる

1623年
春日局プロデュースのもと、徳川家光が3代将軍になる

1641年
「鎖国」の体制が固まり、海外との交流がきびしく制限される

1685年
5代将軍・徳川綱吉が、生きものを大切に、という「生類憐みの令」を定める

1689年
松尾芭蕉が46才にして『奥の細道』の旅に出る

1779年
平賀源内がかん違いで殺人をおかし、投獄中に死去

1716年
8代将軍・徳川吉宗が「享保の改革」で幕府のお金を節約する

1853年
アメリカのペリーが「開国しなさい」と日本にやってくる

1779年
葛飾北斎が浮世絵師デビュー

1863年
幕府を守る武士が集められ、のちに「新選組」となる

1866年
坂本龍馬が間に入り、西郷隆盛と桂小五郎が面会。長年のライバルだった薩摩藩と長州藩が「薩長同盟」を結ぶ

1867年
15代将軍・徳川慶喜が「大政奉還」を行い、江戸時代が終わる

激しい天下統一バトルを制した、徳川家康。江戸に幕府を開いた徳川家は、「武家諸法度」というきびしいルールを定めて戦が起きないようにしたり、外国との交流を制限する「鎖国」を行ったりして、260年以上も続く安定した時代をきずきあげました。

この時代のざっくりマンガ解説

そんなとき
アメリカから
ペリーがやってくる！
アメリカの軍人 ペリー
開国しなサ〜イ!!

えっ…
ちょっ…
どーしよう
コレ…
とりあえず
条約だけ結んで
帰ってもらお…
ザワ
ザワ

不利な条約を結ばされた幕府に
オイオイ
オイ！
何やってんだ
幕府ゥ！
全国各地で不満が続出します

そう…田舎のサラリーマンたちのなかから
ウ
オ
オ
再びヤンキーへともどる者が現れたのです！
オ
オ

幕府は力で
おさえこもうとしますが
安政の大獄
パンチ！
ア
ア
ア
井伊直弼

おさえきれずさらに立場が
弱くなっていきます
桜田門外
キック!!
ア
ア
ア

それを見ていた
田舎
ヤンキーたち
いける…
幕府
倒せる…！
ア
ア
ア
長州藩 桂小五郎
でも薩摩藩は
きらいだ！
長州藩とは
手を組まん！
ア
ア
ア
薩摩藩 西郷隆盛

あっ
龍馬！
よっ
龍馬どん…
坂本龍馬

ス…
コミュ力最強の龍馬が
田舎ヤンキー
たちをまとめます

薩長同盟♡
わかったよ…
うん…

そして力を合わせた田舎ヤンキーたちが
新政府を作るぞオオ!
とうとう幕府を崩壊させます
徳川慶喜

ちょくちょく出てくる日本人のヤンキー魂
その魂がかがやいたとき日本の歴史はかわるのかもしれません

この時代の ざっくり人物相関図

江戸時代を終わらせた「日本をかえる!」という志をもつ人びとは、それぞれこんな関係でつながっていました。

江戸の文化を盛り上げ隊

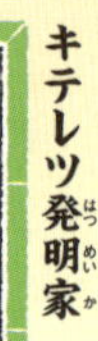

平賀源内

わたしは天才~ 天才なんだ~

武将おたく俳人

松尾芭蕉

聖地巡礼の旅に出る

ワガママ浮世絵師

葛飾北斎

最高の絵を描くまで死なない

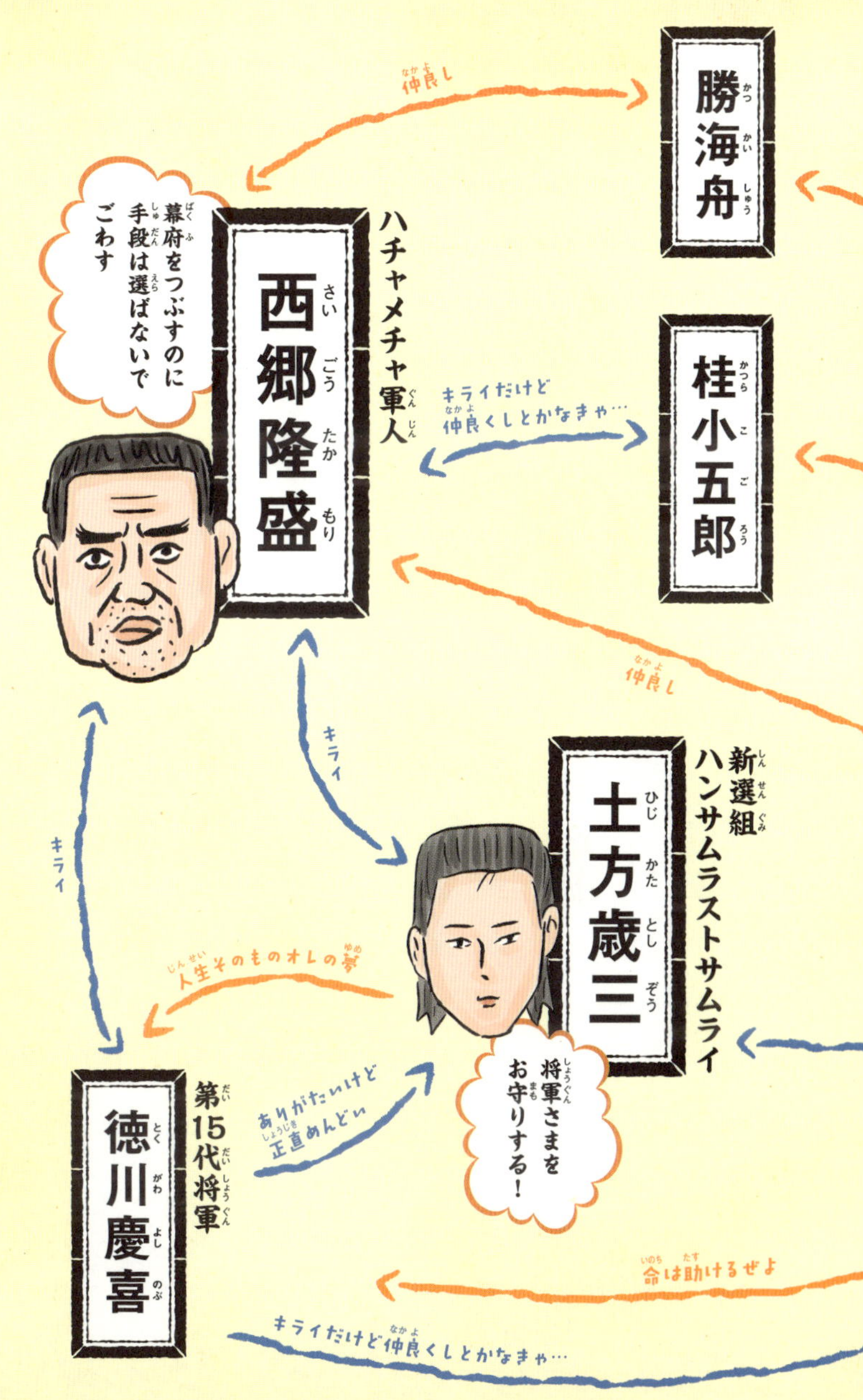

勝海舟
桂小五郎
仲良し
ハチャメチャ軍人
西郷隆盛
幕府をつぶすのに
手段は選ばないで
ごわす
キライだけど
仲良くしとかなきゃ…
仲良し
キライ
キライ
新選組
ハンサムラストサムライ
土方歳三
人生そのものオレの夢
将軍さまを
お守りする！
第15代将軍
徳川慶喜
ありがたいけど
正直めんどい
命は助けるぜよ
キライだけど仲良くしとかなきゃ…

すごい春日局

下働きから将軍のプロデューサーに出世する

春日局は、徳川将軍家の子どもたちや妻たちが住む江戸城の大奥をとりしきる、**いわばラスボス的存在**。

しかし、ラスボスへの道はかんたんではありませんでした。もともとは明智光秀に仕えるエリート武家のお嬢さまとして生まれた春日局。しかし、3才のときに光秀が「本能寺の変」を起こし、**父親が**

殺されたところからハードモードな人生を歩みはじめます。

春日局はお嬢さまのプライドを捨て、公家の家の下働きになりました。その後結婚し、やっと幸せをつかんだ……と思ったのもつかの間。**今度は夫が無職になってしまったのです。**

そんなとき、ちょうど2代将軍徳川秀忠の子・家光が生まれ、乳母※が募集されました。春日局は「夫がダメなら自分がかせぐ！」と採用試験にいどみ、見事合格。

ところが、**家光は病弱なうえに、かわいくもなく、正直人気はイマイチ……。**そこに元気でかわいい弟の国松が生まれてしまい、家光はあと継ぎ候補から外されそうになってしまいます。**でも、ハードな人生を生きぬいてきた春日局は強かった。**なんと、絶対的権力をもつ家光の祖父・家康にこっそり会いに行き「次期将軍は家光」という約束をとりつけたのです。こうして家光は将軍となり、春日局は将軍様御局（将軍さまの総合プロデューサー）というラスボスポジションに大出世して生涯活躍しました。

※乳母……母親がわりとして身分が高い人の子どもの世話をする女性のこと。

春日局

時代
江戸時代

身分
乳母、将軍様御局

出身地
兵庫

本名
斎藤福

生没年
1579年-1643年

大奥の女帝となった徳川家光の乳母。徳川家康にはたらきかけて家光を将軍に押しあげ、自身も絶大な権力を手にした。

自分で作った門限を破り野宿するはめに

春日局のがんばりにより、家光は3代将軍になりましたが、ひとつ問題がありました。**ぜんぜん女性に興味がないどころか、むしろ男性のほうが好きだったのです。**

将軍のあと継ぎがいないと困るので、春日局は再びがんばります。ボーイッシュなお振という美少女に男の服を着せ、家光に近づけたのです。お振は無事に家光の心を射止めますが、長女を出産してすぐ亡くなっ

てしまいます。

これ以降、春日局は将軍好みの女性を次つぎにスカウトして集めていきました。**これが「大奥」の基礎となったのです。**

さらに、「大奥には将軍以外の男は入れない」というおきてを定め、大奥にいる女性にランクをつけました。※御台所がトップで、次が側室たち、その下が世話係の奥女中です。身分の高い奥女中は当時の女性あこがれのエリート職で、ときには将軍に意見して政治を動かすことさえありました。**春日局は、その奥女中の頂点に君臨したのです。**

ところがある日、春日局が「午後6時以降は絶対門を出入りさせない」という、自分で作った門限におくれてしまうという事件が発生。**日ごろみんなにきびしくルールを守らせていたため、春日局とて特別あつかいはされません。**門番に「ルールですから……」と容赦なく閉め出され、**寒いなか門の前で野宿するはめになりました。**

豆 春日局によって夫や子ども、親戚まで出世した。義理の孫にあたる堀田正盛も出世したが、家光の死後、あとを追って亡くなった。

人にきびしく
自分にも
きびしく……

※御台所……将軍の正妻。身分の高さが重視され、皇室か公家の姫から選ばれた。

すごい
松尾芭蕉

日本中を旅して俳句をきわめる

たくさんの有名な俳句をよんだ松尾芭蕉。伊賀（三重）のまずしい農民の家に生まれましたが、京都で俳句の先生に弟子入りし腕を磨き、俳句の本場・江戸で先生になりました。

でも当時はやっていたのは、俳句の出来を点数で競う「点取俳諧」。いい点ほしさに先生にワイロを送る弟子が続出し、俳句の世界は乱れていました。

「こんな腐った世界は嫌だ……」と絶望した芭蕉は、町外れのボロ小屋に住み、ひとりで俳句を作りはじめたのです。

ところが、その小屋も火事で燃えてしまい、むなしくなった芭蕉は旅に出ます。江戸（東京）から尾張（愛知）までの約9か月の旅の途中、母の墓参りのため地元に帰ったときに見つけたのが、「わ

び」の境地。それは千利休が茶で表現した**「静かなさびしさのなかに美を感じる心」**でした。
この旅から帰った芭蕉がよんだ句は、歴史に残る名作です。

古池や　かわずとびこむ　水の音
（古い池に飛びこむ　カエルの水の音がひびいている）

それまで「カエル」といえば「鳴き声」を美しいと表現するのがふつうでした。
一方、芭蕉は**「飛びこんだ水」のかすかな音に注目し、「静かさ」を引き立たせるために使ったのです。**
その後も東北地方をめぐる『奥の細道』などの旅で俳句をよみつづけ、50才のときに旅先で病気になった芭蕉。かれが死ぬ間際、自分の人生をあらわすためによんだ辞世の句は

旅に病んで　夢は枯れ野を　かけめぐる
（旅先で倒れたけれど　わたしの夢は荒野をかけめぐる）

という、とてもロマンチックなものでした。

松尾芭蕉

時代
江戸時代

身分
俳諧師

出身地
三重

別名
俳聖

生没年
1644年-1694年

伊賀（三重）出身の歌人。各地へ旅に出かけ、行く先々でよんだ句は、のちに『奥の細道』として出版された。

豆 芭蕉とはバナナのような植物のこと。

武将おたくで遺言は「推しメンの隣に埋めて」

じつは、**松尾芭蕉は大の武将おたくでした**。平和な江戸時代初期に生まれた芭蕉にとって、武将の戦物語は男のロマンだったのでしょう。とくにハマっていたのは源氏の武将で、**旅の途中で聖地巡礼までしています**。

夏草や　兵どもが　夢の跡
（今は夏草がおいしげる草むらだが、ここは武将たちの夢であふれた場所だった）

芭蕉がこの有名な句をよんだのは『奥の細道』の旅で、岩手にある奥州藤原氏の城あとを訪れたときのこと。そこは500年前、源義経が兄・頼朝によって自害に追いこまれた

やばい 松尾芭蕉

義仲 LOVE

場所でした。

ただの草むらになった城あとを見た芭蕉は「ああ…ここにいた義経公の無念を思うと…！」と感きわまり、**義経の最期を見届けた家臣の気持ちになって涙まで流しています。**その姿は現代の戦国武将おたくが関ヶ原に行って「ああ…ここにいた石田三成公の無念を思うと…！」と泣いている姿そのものですね。

でも、芭蕉のいちばんの推しメンは義経ではなく、源義仲です。義仲は頼朝の命令で義経に殺された、頼朝&義経兄弟のいとこ。「夢破れた英雄」にとても「わび」を感じていた芭蕉は、

義仲の　寝覚めの山か　月悲し

（義仲も夜中に目を覚まして、この山で月を見ていたかと思うと……！）

と義仲への想いを爆発させた句をよみました。しかしそれでもあきたらず、死ぬ直前「わしを義仲の墓の隣に埋めてくれ！」と言い残します。こうして芭蕉は、推しメンの隣で、**おたく的には最高にうらやましい永遠の眠りについたのです。**

時代
江戸時代

豆
『奥の細道』の旅は2400kmを5か月で歩く、ふつうでは考えられない猛スピードの旅だったため、芭蕉忍者説まで生まれた。

ミーハーですけど、何か？

すごい 平賀源内

何でも作れるマルチクリエイター

香川のまずしい足軽の家に生まれた源内は、子どものころからからくり※作りが得意で、しだいに西洋のすすんだ技術に興味をもつようになりました。

そして**持ち前の器用さではんぱなくマルチに活躍**。西洋式の温度計を自力で作ったり、油絵をまねて美人画を描いたり、羊を仕入れて毛織物を作ったりして、人びとをおどろかせたのです。

さらには**オランダ製のこわれた機械を修理して「エレキテル」と名付けます**。ハンドルを回すと静電気が発生し、**さわるとビリビリするエレキテルは「何かすごい」と、江戸で大ブームに**。源内はいっそう有名人となったのです。

※からくり……機械的な工作のこと。

かん違いで人殺しをしてしまう

エレキテルのブームは長くは続かず、**そのころから源内の人生に暗雲がたちこめはじめます**。にせエレキテルを勝手に作った弟子を源内がうったえたところ、ろうやに入れられた弟子が死んでしまったのです。このことで世間からは**「そこまで弟子を追いつめるなんて！」とバッシングの嵐**。

源内の生活はどんどん荒れていきました。ついに52才のとき、たのまれていた屋敷修理の設計書を、いっしょにお酒を飲んでいた町人がぬすんだと思いこみ、酔った勢いで殺してしまいます。

でも、**設計書はふところにありました**。源内はろうやに入れられ、弟子と同じく獄中死したのです。

平賀源内

時代
江戸時代

身分
本草学者、発明家、作家

出身地
香川

別名
風来山人、天竺浪人

生没年
1728年-1779年

世界の画家もあこがれる天才絵師

葛飾北斎は、日本だけでなく世界でも人気のある浮世絵師です。最初は浮世絵師の先生に弟子入りした北斎ですが、**あまりの才能にほかの弟子から嫉妬され、追い出されてしまいます。**

フリーの絵師になった北斎は、美人画、妖怪絵、小説の挿絵など、いろんなジャンルの絵を描きました。すると**「なんてかっこいい絵なんだ！」と江戸で大人気となり、弟子希望者が**

殺到。そこで弟子用に『北斎漫画』というスケッチ集を出版したところ、一般人にもウケてベストセラーになりました。北斎の作品のなかで、もっとも有名なのは『富嶽三十六景』です。いろんな場所と角度から、ダイナミックに富士山を描いたこのシリーズは、海外でジャポニスム※ブームを巻き起こし、**オランダの画家ゴッホやフランスの画家モネにもまねされました**。

ところが江戸時代後期、幕府によってぜいたくが禁じられ、自由に浮世絵が描けなくなります。しかし、すでに80代だった北斎の情熱は止むことなく、娘とともに長野の田舎に行って大作を描きあげました。

90才まで描きつづけた北斎は、**亡くなる直前「あと5年長く生きられたら、絶対おれは本物の絵師になれるのに……」と、くやしがったんだとか**。天才・北斎は、死ぬまで理想の絵を追いかけていたのですね。

※ジャポニスム……19世紀にヨーロッパで流行した日本趣味のこと。

葛飾北斎

時代
江戸時代

身分
浮世絵師

出身地
東京

別名
画狂老人卍

生没年
1760年-1849年

『富嶽三十六景』などで有名な浮世絵師。作品はヨーロッパにも紹介され、フランスの画家たちに大きな影響を与えた。

LOVE

ゴッホ

仕事相手とはケンカ
家はゴミ屋敷で
絵以外はぜんぶだめ

やばい

葛飾北斎

葛飾北斎は絵の天才でしたが、**絵のこと以外はまるでだめな変人でした。**

まず、人の言うことをききません。江戸時代に「芸術家」という職業はなく、絵師の仕事は注文どおりに絵を描くこと。しかし北斎は「おれは好きな絵を描きてえんだよ！」とロックな独自路線をつきすすみ、よくトラブルを起こし

ました。

当時大人気だった小説家・滝沢馬琴の本の挿絵を描いたときのこと。馬琴が「ぞうりを口にくわえた人を描け」と注文すると「はあ？　そんなきたない絵が描けるか！　てめえがぞうりをくわえてみやがれ！」とめちゃくちゃな逆ギレをして大ゲンカになりました。

ほかの小説家に対しても「てめえの本が売れてるのはおれの絵のおかげだ」と高飛車な態度をとり、絶交される始末。

北斎はお金にもルーズでした。もらった原稿料を袋ごと放置し、家賃などの集金が来ると袋ごと投げつけてわたすので、売れっ子になっても貯金すらできません。妻はそれにたえきれず出て行ってしまいましたが、娘の葛飾応為は北斎が大好きで、北斎を手伝うようになりました。

でも、**応為も北斎に似てだらしなかったため、北斎の家はゴミ屋敷化。**ふたりはゴミの中でひたすら絵を描いていました。そうじはせず「家がよごれたら引っ越す」を生涯に93回もくり返し、なんと**1日に3回引っ越したこともあります。**

豆 北斎はペンネームをころころかえることでも有名で、画狂老人卍などへんな名前もふくめて30回もかえていた。

何もかもちゃんとするなんて無理じゃ

土方歳三

すごい

新選組をひきいて江戸幕府のために最後まで戦った

時代が江戸から明治にうつるとき、彗星のように現れ、幕府を守るために戦って消えていった新選組。**その実質的なリーダーで「鬼の副長」とおそれられたのが、土方歳三です。**

歳三が18才のとき、ペリーが黒船で日本にやってきました。しかし幕府はオロオロするばかりで、ついに外国のいいなりになって不平等な条約を結んでしまいます。それに怒った武士たちが「もう幕府はいらない！」と立ちあがったのです。かれら「倒幕派」によって幕府の重要人物が次つぎに暗殺されていきました。

土方歳三

これにあせった幕府は「**14代将軍を倒幕派から守る強いヤツ募集！　身分は問いません！**」と告知を出します。裕福な農家に生まれ、武士にあこがれて剣術の道場で腕を磨いていた歳三にとって、これは願ってもない話。告知を見るや「やっと武士になれる！」と、道場仲間とともに京都へ向かいました。

こうして集まった新選組の初期メンバーはわずか24人。当初は「田舎者の集団」とバカにされましたが、**多くの倒幕派をつかまえた「池田屋事件」で一気に有名になり**、最大200人にまで増えました。

しかし、すでに力を失っていた幕府は、その3年後に政権を天皇に返してしまいます。**それでも新選組は幕府のために※新政府軍と戦いますが、次つぎとメンバーが戦死**。歳三は仲間たちと北海道に新しい国を作ろうとしますが、35才の若さで戦死しました。

時代
江戸時代

身分
新選組副長

出身地
東京

別名
鬼の副長

生没年
1835年～1869年

新選組副長。局長の近藤勇の右腕となり、江戸幕府のために京都で倒幕派と戦いつづけ、北海道で戦死した。

近藤勇

※新政府軍……薩摩（鹿児島）、長州（山口）、土佐（高知）、肥前（佐賀）を中心とした新しい政府の軍隊。

ラブレターを見せびらかしてモテ自慢

土方歳三はもともと背が高くイケメンでしたが、**新選組が有名になってから、さらにモテモテになりました。**大都会の京都でモテたのがよっぽどうれしかったのか、歳三は※芸者たちにもらったラブレターを、**わざわざ「婦人恋冊」という冊子にまとめ、親戚に送りつけて自慢します。**

芸者がお客に手紙を書くのは「またわたしを指名してね♥」という意味の営業メールがほとんど。それを本気にして自慢するのはかなり恥ずかしいです。

「婦人恋冊」は残っていませんが、それといっしょ

に送った手紙が残っています。歳三は俳句が趣味でしたが、**残念ながらへたでした**。手紙にも、浮かれまくった歳三の俳句が書かれています。

ちなみに、実家にいたころは「豊玉」というペンネームで俳句をよんでいて、京都へ行く前に「豊玉発句集」という冊子を実家に残していきました。

これがまた「梅の花　一輪さいても　梅は梅」「しれば迷い　しなければ迷わぬ　恋の道」といった内容で、**自慢げに実家に残したわりには「うん、そりゃ……そうですね」としかコメントできない俳句です。**

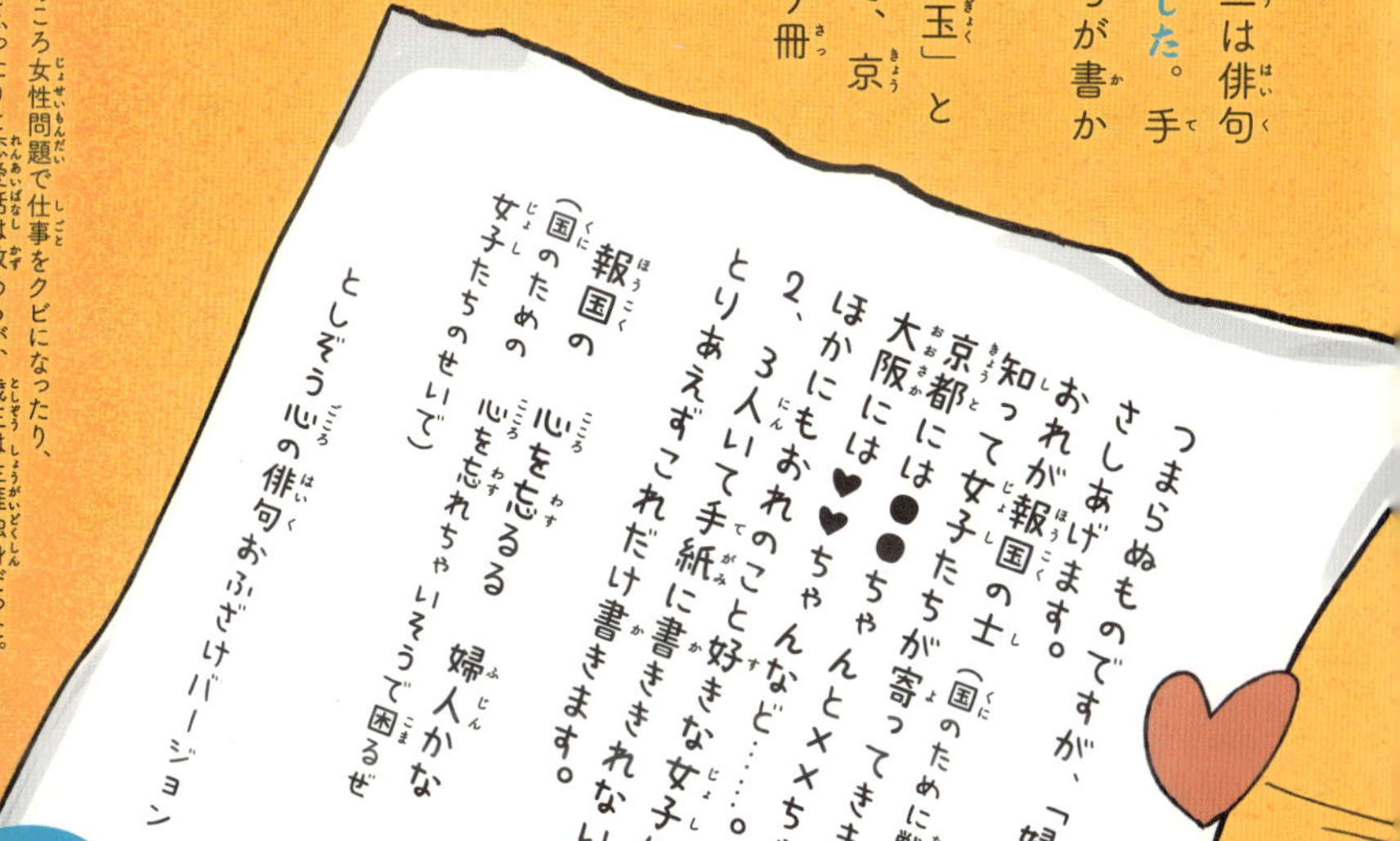

つまらぬものですが、「婦人恋冊」をさしあげます。

おれが報国の士（国のために戦う武士）と知って女子たちが寄ってきます。

京都には●●ちゃんと××ちゃん、大阪には♥♥ちゃんなど……。

ほかにもおれのこと好きな女子が2、3人いて手紙に書ききれないので、とりあえずこれだけ書きます。

報国の　心を忘るる　婦人かな
（国のための　心を忘れちゃいそうで困るぜ　女子たちのせいで）

としぞう心の俳句おふざけバージョン

時代

江戸時代

豆 10代のころ女性問題で仕事をクビになったり、許嫁をふったりと恋愛話は数あるが、歳三は生涯独身だった。

何だかんだでモテた記録が残ったぜ！

※芸者……宴会で歌やおどり、三味線などの芸を見せる女性のこと。

すごい坂本龍馬

ものすごいコミュ力で明治時代幕開けのきっかけを作る

「日本を今一度せんたくいたし申候」

（汚れた日本を、もう一度洗濯してキレイにいたします）

という名言で知られる坂本龍馬。頭のカタい武士たちを転がす才能がピカイチで、歴史を大きく動かしました。

26才のとき、龍馬はアメリカ帰りの幕臣の勝海舟から「刀で人を切っても意味ないぜ。これからの時代、黒船を持ってるヤツが強えんだ」と言われて「カッコいいぜよ！」と感動。海舟の海軍操練所に入って黒船で海をわたる技術を身につけました。

次に龍馬は、薩摩藩（鹿児島）の助けを受け

桂小五郎

て「亀山社中」という日本初の商社をつくり、海外との貿易をはじめます。そして、長州藩（山口）にこうもちかけたのです。**「わしがイギリスから買い付けた武器を薩摩から長州に送るから、かわりに長州から薩摩に足りない米を送るぜよ。薩長が仲良くなれば倒幕できるぜよ！」**

じつは、この提案には深い意味があります。薩摩藩と長州藩は、ともに徳川幕府を倒したいと思っていました。**しかし、以前幕府の命令で薩摩と長州が戦ったことがあったため、この２藩はめちゃくちゃ仲が悪かったのです。**

ここで龍馬のコミュ力が炸裂！　薩摩藩代表・西郷隆盛と長州藩代表・桂小五郎の間をとりもち、ものの見事に「薩長同盟」を成立させてしまいました。

この同盟によって倒幕派は一気にパワーアップし、幕府から天皇へ政権を返させる「大政奉還」に成功します。そして、ついに明治時代が始まったのです！

薩長

西郷隆盛

坂本龍馬

時代
江戸時代

身分
武士

出身地
高知

別名
才谷梅太郎

生没年
1835年－1867年

土佐（高知）出身の志士。長州藩と薩摩藩を仲直りさせ、倒幕の道を切り開くが、京都で何者かに暗殺された。

友達の家で毎回むじゃきに立ちションする

やばい 坂本龍馬

戦国のおしっこ野郎といえば竹中半兵衛（100ページ）でしたが、**幕末のおしっこ野郎は坂本龍馬です**。なんと13才までおねしょをしていたそうです。

子どものころの龍馬は泣き虫で、いじめにあって塾を退学するほど気弱でした。

そんな龍馬を教育したのが姉の乙女です。乙女は身長174cm、体重112kgのレスラーのような体

格で、剣術も学問もプロ級という超人。龍馬は乙女姉さんにビシバシきたえられて強くなり、自信をつけていったのです。

でも、おしっこのクセだけは治りませんでした。龍馬は剣術友達だった武市半平太の家に遊びに行くと、**なぜか帰りぎわに玄関の門に向かって立ちションをしました**。しかも、毎回。

半平太の奥さんが「臭くなるから困ります！　やめろって言ってくださいよ！」と必死にうったえても、半平太は「ハハハ、龍馬ほどの人物がやることだから大目に見てやれ」と止めなかったんだとか。そう、龍馬は乙女との特訓により、**弟特有の「バカな子ほどかわいいパワー」をも身につけていたのです。**

そんな龍馬は当然、女性にもモテました。**モテすぎて剣術道場の娘・さな子との結婚の約束をすっぽかした**こともありましたが、これもかわいいパワーで乗り切りました。さな子は龍馬をうらむことはなく、「自分の墓に坂本龍馬の妻と書いてくれ」とだけ言ったそうです。

時代
江戸時代

豆 名言「日本を今一度せんたくいたし申候」には「外国と仲良くする幕府の奴らをいっぱい殺して」というぶっそうな前置きがある。

したいときにする。それが男の流儀ぜよ

すごい

西郷隆盛

血を流さずに江戸城の明けわたしに成功

薩摩（鹿児島）のまずしい武士出身だった西郷隆盛は、若い武士や農民たちに大人気でした。それは、はっきりと意見を言う男気あふれる人だったから。**藩主の父の島津久光にもバンバンものを言ったせいで、島流しにされます**。しかし、若い武士たちの命がけの署名運動によって何とか呼びもどされました。

薩摩武士の代表となり、薩長同盟を結んだ隆盛は、一気に江戸城を攻めて将軍を殺し、幕府を倒そうとします。そこへ幕府の代表・勝海舟が「江戸城を明けわたすから、将軍と部下たちの命は助けてやってくれ」と頼みにきました。

主君を思う海舟の心に感動した隆盛は、※無血開城を決断。平和的に明治維新のきっかけを作ったのです。

※無血開城……血を流す（殺す）ことなく城を明けわたすこと。

西郷隆盛

時代
江戸〜明治時代

身分
武士、政治家、軍人

出身地
鹿児島

別名
西郷どん

生没年
1827年〜1877年

やばい

太りすぎて死にかけ犬を飼う

明治時代になり、戦争ではなく政治の時代が来ると、隆盛の出番はなくなりました。

東京の上野公園に犬をつれた隆盛の銅像がありますが、あれはヒマになってどんどん太りだした隆盛が、**医者に「このままだと太りすぎで死ぬから、ダイエットのために犬を飼いなさい」とすすめられて飼った犬です。**

1877年、隆盛は新政府に不満をもつ若者たちのリーダーにさせられ、西南戦争を起こして負けてしまいます。でも、**切腹するときも男気を忘れず、犬たちだけは助けたいと首輪を外して逃がしてやったそうです。**

豆 隆盛の金玉は人の頭くらい大きかったという。

第5章 とつぜんハジけた庶民の時代

1867年
明治天皇が皇位に就き、天皇中心の政治が復活する

1885年
伊藤博文が日本初の総理大臣となる

1889年
「大日本帝国憲法」によって、天皇が国を治めるというルールが定められる

1894年
清（中国）と朝鮮をとり合って、日清戦争が起こる

1900年
夏目漱石がロンドンに留学するも、なじめなくて心を病む

明治時代、日本がどんどん発展して海外にも進出した結果、戦争が起きます。戦争に負けた日本は一気にまずしい時代に突入。でも、そこで立ち上がったのが庶民（ふつうの人）です。日本の歴史ではじめて庶民が中心となり、現代の日本の土台を作り上げました。

1948年
太宰治が玉川上水で入水自殺

1989年
昭和天皇が亡くなり、平成の時代が始まる

1946年
吉田茂が首相になり、「日本国憲法」を制定する

1939～1945年
第二次世界大戦が起こり、日本が負ける

明治／大正／昭和

1938年
山口淑子が中国人女優「李香蘭」としてデビュー

1900年
与謝野鉄幹♥与謝野晶子が出会い、恋に落ちる

1900年
野口英世が借金を残してアメリカにわたり、研究に打ちこむ

1904年
ロシアと朝鮮をとり合って、日露戦争が起こる

1914～1918年
第一次世界大戦が起こる

1932年
当時の総理大臣・犬養毅が「五・一五事件」で暗殺される

この時代のざっくりマンガ解説

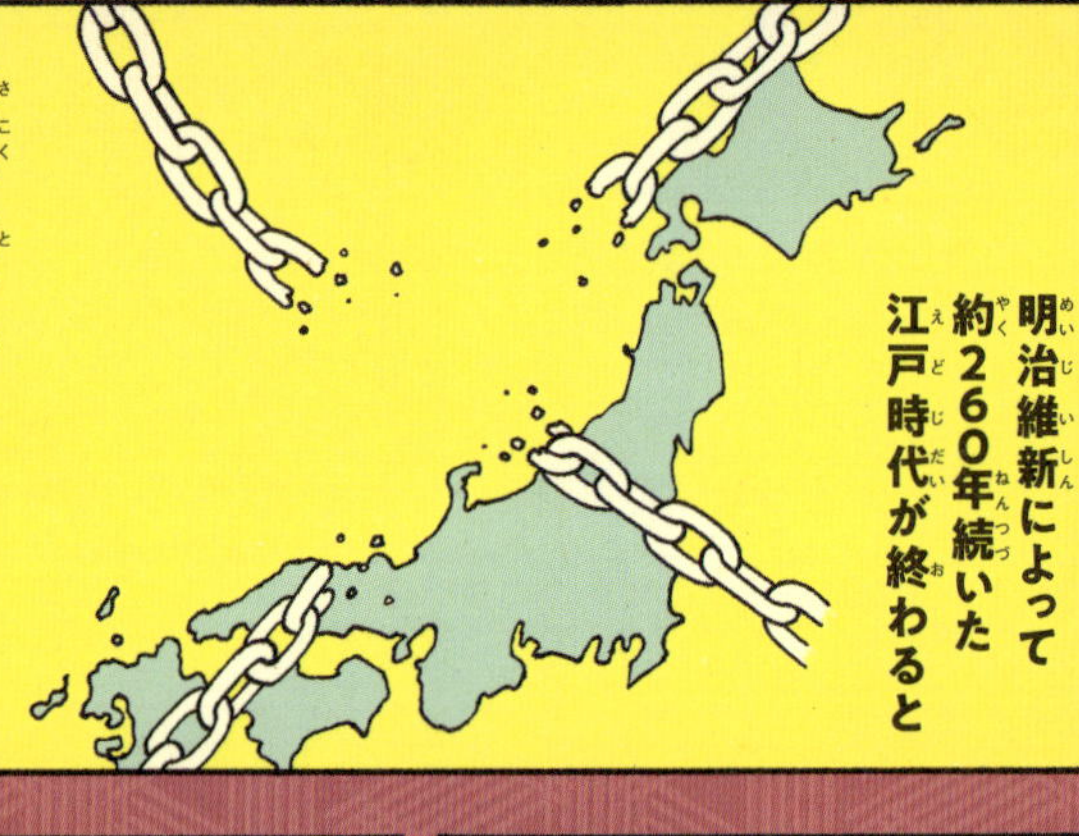

そして政府の「四民平等」というスローガンによって

マジで!?

武士や農民といった身分の差がなくなります

そう…これが日本から
ヤンキー武士が消え
ふつう
ふつうサイコ〜
「ふつうの人」だらけに
なった瞬間です

でも
外国との交流が生まれると
いさかいも起きます
びんぼう
ハラへった…
食べ物…
日本は連合国との
戦争に負け
国民の生活は苦しくなります

国のしくみが
どんどんかわるなか——
民主化
しなサ〜イ!
日本が復興するために
がんばったのが
連合国軍最高司令官
マッカーサー
この
「ふつうの人」たち
でした!
ムクリ

「ふつうの人」が
馬車馬のように
働いて働いて…
うおおおおお
日本はどんどん
経済成長をとげます

みんなが教育を
受けられるんだ！
学びたくても
学べなかった
もんな～
義務教育
わたしも
投票していいの？
ああ
みんなに選挙権が
与えられたからね！
完全普通選挙

こいつが勝手に
洗って
くれるのか！？
電気洗濯機
すげ～
飲み物
冷えてる！
電気冷蔵庫
がんばれ力道山～！
白黒テレビ

「ふつうの人」たちによる
「ふつうの人」たちのための日本…
ここにきてようやくそれが
生まれたのかもしれません

すべてを力で
解決した
サムライは
もうこの日本の
どこにも
いませんが

いまもわたしたちの中に
生き続けているでしょう
to be continued……

明治維新、戦争、そして戦後の復興……。激動の変化とともに登場した人びとは、こんな関係でした。

芥川龍之介

みんなの先生
夏目漱石

尊敬

ぼくは死ぬまで進歩する気でいる

大好き尊敬

ナルシスト文豪
太宰治

死ぬ気で恋愛、しませんか?

与謝野鉄幹

好きだけど複雑…

パワフル歌人
与謝野晶子

わたしに触れないでさみしくないの…?

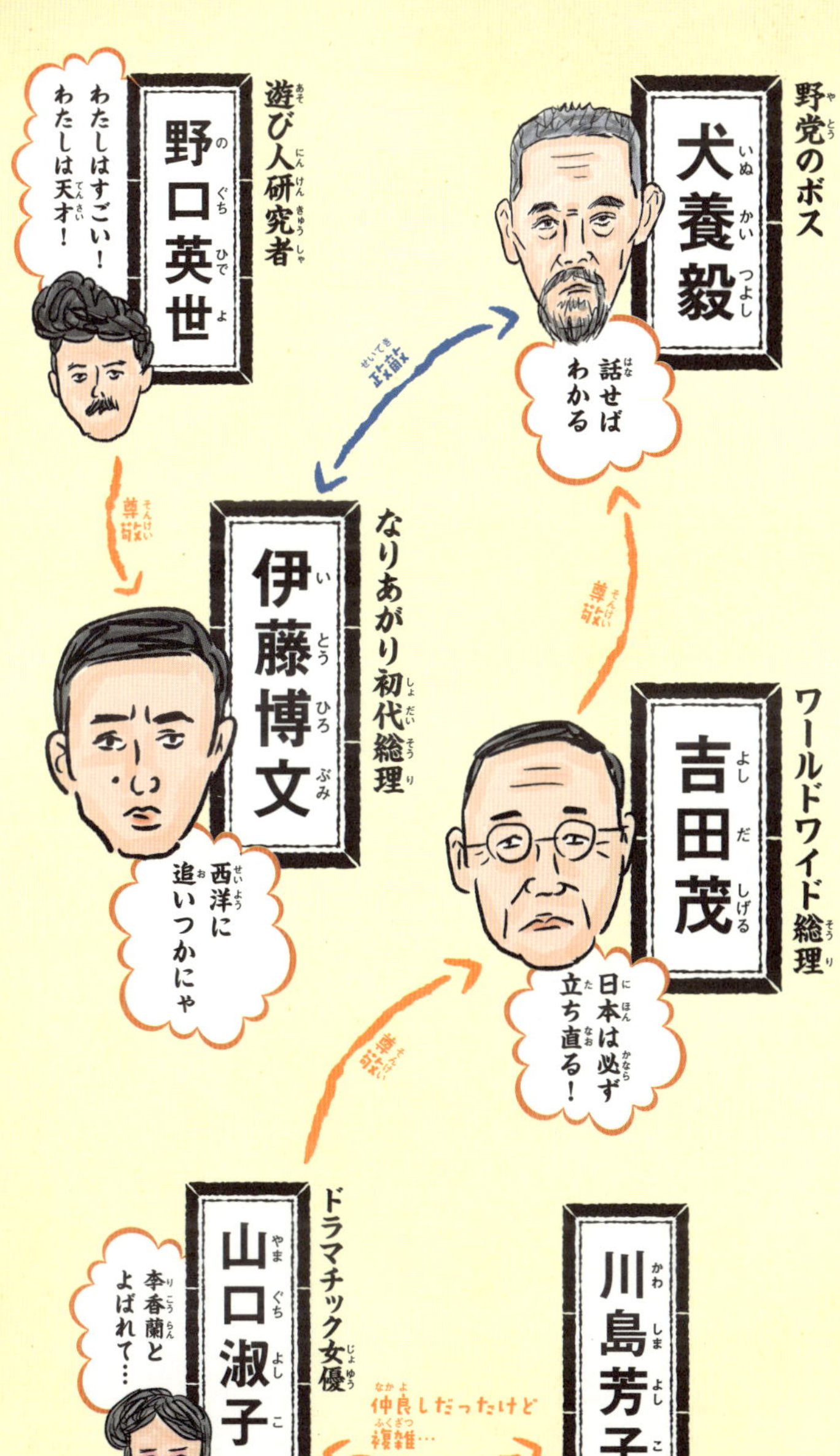
野党のボス
犬養毅
話せばわかる
遊び人研究者
野口英世
わたしはすごい！わたしは天才！
政敵
尊敬
なりあがり初代総理
伊藤博文
西洋に追いつかにゃ
尊敬
ワールドワイド総理
吉田茂
日本は必ず立ち直る！
尊敬
ドラマチック女優
山口淑子
李香蘭とよばれて…
仲良しだったけど複雑…
川島芳子

コミュ力と語学力で最初の総理大臣になる

長州藩（山口）のまずしい農家に生まれた伊藤博文。**かれの運命をかえたのは、16才で入塾した「松下村塾」という学校です。**人なつっこい博文は、先生の吉田松陰や仲間たちと意気投合し、勉強にはげみました。

しかし「幕府はもういらない」と考える松陰が幕府に処刑され、「幕府はやばい。もっと外国を知らないと！」と燃え上がった博文は4人の仲間とともにイギリスに留学します。

ところが、博文を待っていたのは絶望でした。イギリスは軍隊も工場も鉄道も……何もかもが信じられないくらい発展していたのです。おまけに博文は英語力もゼロ。**でも、かれには「ハンパないコミュニケーション能力」という武器がありました。**たちまちイギリス人と仲良くなり、最終的に英語力と外国の知識を手に入れます。

その半年後、長州藩が外国船にケンカを売って大ピンチになり、博文はあわてて帰国。コミュ力と英語力を駆使して、イギリス、フランス、オランダ、アメリカと停戦交渉し、大戦争をくいとめました。**開国したばかりの日本において、外国との交渉力はいちばん大事なものだったのです。**

そんなこんなで政府のトップへとのぼりつめた博文は「憲法」※を作るという大プロジェクトを任されます。

博文はドイツをはじめとした海外の憲法を学び、まず「内閣」という制度を作ります。

そして**44才のときに自ら総理大臣となり、大日本帝国憲法を作って現代につながる国のしくみをきずいたのです。**

※憲法……国をおさめる決まりのこと。

ダメ。ゼッタイ。

NO WAR

伊藤博文

時代
江戸～明治時代

身分
農民、武士、総理大臣

出身地
山口

別名
利助、俊輔

生没年
1841年-1909年

明治を代表する政治家。吉田松陰の松下村塾で学ぶ。初代内閣総理大臣として、大日本帝国憲法を制定した。

恋愛体質すぎて明治天皇にしかられる

じつは、イギリス留学をする前のヤング伊藤博文は、テロリストでした。吉田松陰を殺された怒りで、松下村塾の仲間といっしょに建設中のイギリス領事館に火をつけたり、幕府おかかえの学者を暗殺したりしていました。

でも、総理大臣になってから、暗殺のことをツッコまれると「え？　吾輩はよく知らんよ？」と見事にトボケて追及を逃れたそうです。

この逃げっぷりは、プライベートでも発揮されました。外国との交渉

役だった博文は「外国人の手先め！」と一部の長州藩士から命を狙われていました。そんななか、店にかくまってくれた芸者の梅子と恋に落ちてしまったのです！

ここまではロマンチックな話ですが、博文にはすでに妻がいました。梅子と結婚したいけど、直接妻と交渉するのはこわい……。というわけで、**なぜか上司である桂小五郎を引っぱりだし、妻と両親を説得してもらって離婚します。**巻きこまれた桂小五郎は、いい迷惑です。

ようやく梅子と結婚できた博文ですが、またも恋をしてしまいます。相手は16才の売れっ子芸者。**そう、博文は芸者好きだったのです。**しかも、大正天皇のおじさんと、彼女をとり合う恋愛バトルに発展します。

とうとう、あきれた明治天皇に「いいかげんつつしめ」としかられる始末。しかし、博文の女好きは死ぬまでなおらなかったそうです。

時代 江戸～明治時代

豆 総理大臣のあと、博文は韓国初代総監になったが、日本の支配に怒った韓国人によって暗殺された。

自分に正直でいたいのじゃ

悩み苦しみながらも ベストセラーを連発し 弟子まで育てる

すごい 夏目漱石

明治時代の大人気作家だった夏目漱石ですが、その子ども時代はさびしいものでした。年を取った両親の8番目の子どもとして生まれ、わずか1才で養子に出され、その後も家を転々としたのです。

勉強がよくできたため、**大学卒業後は英語教師に就職したものの「自分は教師に向いていない……」と、働きはじめてから気づきます。**

人生が大きくかわったのは34才のとき。漱石は国からの命令で、英語を研究するためイギリスに留学します。でも、慣れない外国生活と孤独で、心の病気になってしまったのです。

ボロボロになった漱石を救ったのは、友達の高浜虚子でした。かれの「気晴らしに小説でも書いてみないか」というすすめにしたがって、**自分の猫をモデルにした小説『吾輩は猫である』を書いたところ、これが大好評！**

こうしてベストセラー作家になった漱石は教師をやめ、『三四郎』『こころ』などを執筆します。悩み多き人生だったからこそ、人の心に響く数々の名作を書けたのかもしれません。

自分では「教師に向いていない」と思っていた漱石ですが、じつは人の才能を引き出す力がありました。漱石のもとには芥川龍之介、内田百閒、野上弥生子など小説家志望の若者が集まり、それぞれ人気作家に成長。漱石とたくさんの弟子たちの手で、現代小説の基礎が作られたのです。

夏目漱石

時代
明治～大正時代

身分
教師、小説家

出身地
東京

別名
夏目金之助

生没年
1867年-1916年

日本を代表する文豪。イギリス留学後、『吾輩は猫である』『坊ちゃん』『こころ』など、数々の名作を残した。

豆 『吾輩は猫である』の書き出しの「吾輩は猫である。名前はまだ無い」のとおり、漱石は飼い猫に名前をつけなかった。

原稿用紙に鼻毛を植え付け弟子にコレクションされる

やばいし

夏目漱石

夏目漱石は、弟子から先生としてしたわれ、愛されていました。しかし、時としてその愛は、ふしぎな方向に行くこともあったのです……。

じつは漱石にはへんな癖があり、鼻毛を抜いては毛根のべたべたしているところを原稿用紙に一列に並べてはっていました。

さらにへんなのが、それをひそかにコレクションしていた、漱石の弟子・内田百閒です。

いくら先生を尊敬してい

ても、ふつう鼻毛には手を出しませんが、百閒は『漱石遺毛』という、こんなエッセイまで書いてしまうほどの漱石マニアでした。

「私の所蔵する遺品の中に、漱石先生の鼻毛がある。そっと開けて見たら、大変長いのや、短いのを合わせて丁度10本あった。そのうち2本は金髪である。（中略）私が漱石先生の鼻毛を抜き、20年これを珍蔵したなどと考えられては迷惑する。先生がご自身で抜いたものであり、先生には原稿用紙に植毛する癖のあったことを明らかにしておく」

漱石自身も『吾輩は猫である』のなかで、漱石がモデルの苦沙弥先生という人が鼻毛を何本も抜き「ちょっと見ろ、鼻毛の白髪だ」とよろこんで奥さんに見せていやがられる、というシーンを書いています。

漱石も百閒も、さすがは作家。鼻毛の色についても、なぞの観察力を発揮していたのですね。

びっしり

内田百閒

うわぁ先生!!

時代
明治〜大正時代

豆
漱石の奥さんは筆無精で、漱石がイギリスから送った手紙にほとんど返事を出さなかったので、帰国後大ゲンカになった。

一度ためしにやってごらん楽しいから

すごい

野口英世

逆境をのりこえて医者になり病気の研究に命を捧げる

福島のまずしい農家に生まれた野口英世は、1才のときに大やけどをして、左手を開くことができなくなりました。

いじける英世に**母は「この手じゃ農作業はできねえが、学問ならできる。偉くなって見返してやれ！」と言ってはげましました**。

勉強にはげんだ英世は、優秀な成績を認められ、**教頭の小林先生に中学へ行く学費を出してもらえることに**

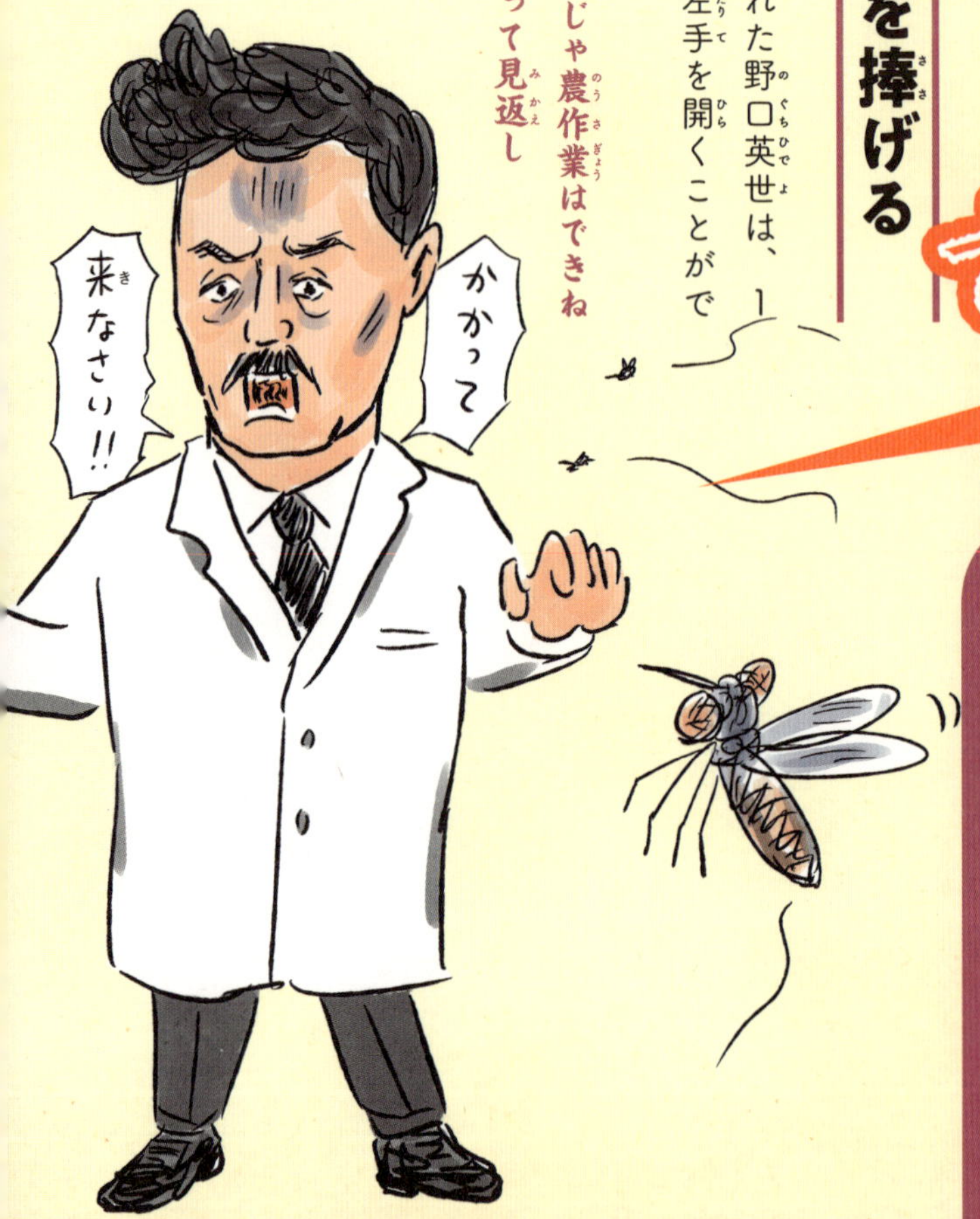

なったのです。

さらに、小林先生や中学の同級生が募金活動をして、左手の手術費も集めてくれました。手術で指が使えるようになった英世は感激し、**医者になるために必死に勉強して21才で医師免許をとります。**

英世には病院を開業するお金がなかったので、学者を目指して伝染病研究所に入ります。しかし、大学を出ていないという理由で差別され、研究室では雑用ばかり。

でも、英世の心は折れません。なんとアメリカへ飛び、日本で会ったことのあるフレクスナー博士に「何でもするから雇ってください！」と頼みこんだのです。**そこで命がけで毒へびの研究を行って絶賛され、アメリカ医学界で認められました。**

その後、東京大学の博士の学位を与えられ、ノーベル医学賞候補にも選ばれます。しかし、黄熱病の研究中に自分も黄熱病に倒れ、道半ばにしてアフリカで生涯を終えたのです。

シャー

野口英世

時代
明治〜昭和時代

身分
細菌学者

出身地
福島

別名
野口清作

生没年
1876年 - 1928年

千円札にもなった、世界的な細菌学者。ノーベル賞の候補にもなったが、アフリカでの黄熱病の研究中に亡くなった。

恩師にお金をたかって遊びまくる

じつは、野口英世の本名は「清作」。当時の人気小説に出てくるダメな遊び人と名前が似ていることを気にして、わざわざ改名したのです。でも、**実際英世には遊び人の一面がありました。**

20才のとき「東京に行きたい！」と思い立った英世は、**中学の学費を出してくれた恩師の小林先生から40円（いまの80万円ほど）を貸してもらいます。**

しかし、夜遊びしまくって2か月でお金を使い切り、家賃がはらえず下宿を追い出される事態に。お金に苦労して育ったわりに、使い方が豪快すぎます。

そんな英世を救ったのが歯科医の血脇先生です。血脇先生は英世の才能にほれて歯科医学院の仕事を与え、毎月15円（30万円ほど）もお金をあげていました。

けれど、またも英世は遊びに使い果たします。あげく小林先生に「アメリカに行きたいです！」と頼み、「いつまでも人を頼るな！」とお説教をくらいました。当然です。

困ったすえに、英世は女学生と結婚の約束をして持参金300円（600万円ほど）を受け取り、そのお金でアメリカへ飛びました。そして一方的に婚約を解消し、アメリカ人女性と結婚しました。もうめちゃくちゃです。

結局、300円は血脇先生が返済するはめになりました。

やばい 野口英世

知るか!!

時代 明治～昭和時代

豆 英世は横浜港に到着した船のなかにペスト患者がいることを発見・診断し、日本にペストが広まるのを防いだ。

お金は使うためにあるんだよ

女性の心を自由に表現し、戦争反対の歌を発表

歌人の与謝野晶子は、激しい愛を詠んだ歌集『みだれ髪』などを発表し、人気作家になりました。

やは肌の　あつき血汐に　ふれも見で
さびしからずや　道を説く君

（わたしの柔らかい肌と熱い情熱に触れもしないでさびしくないの？　お説教するあなた）

晶子本人も情熱的で、妻がいる歌人・与謝野鉄幹と恋に落ち、批判されながらも結婚。日露戦争が始まると「お国のために死ね」といわれていた時代に、戦争に反対する歌を堂々と発表しました。

またも批判を浴びますが、**晶子は「歌はまこと（本当）の心を歌うもの」と主張しつづけました。**

やばい

気がかわって戦争賛成の歌を発表

戦争に反対する「君死にたまふことなかれ」の歌から約30年後。なんと晶子は第二次世界大戦で兵士として戦場へ行く息子を、ほこらしく送り出す**戦争賛成の歌をよみます**。

当時、国の命令で戦争に賛成する内容を書かされた作家もいました。でも晶子の場合は、戦争を賛美する「爆弾三勇士の歌」で再ブレイクした夫の鉄幹や、世間のムードに影響されたようです。

ものすごい手のひら返しですが、考えがかわったものはしかたありません。**だって「歌はまことの心を歌うもの」ですから……**。

与謝野晶子

時代
明治～昭和時代

身分
歌人、作家、思想家

出身地
大阪

別名
与謝野志よう

生没年
1878年～1942年

豆 晶子は女性の権利向上を訴え、日本初の男女共学校を作った。

憲法と平和を守り抜き五・一五事件で殺される

犬養毅は、新聞記者から政治家になり、清く正しい政治を目指しました。**「憲法どおり、国民のための政治をしよう！」という護憲運動のリーダー的存在**として、国民の支持を集めて総理大臣になります。

しかし、総理になった翌年の5月15日、軍人たちが総理公邸に乱入！　毅を襲ったのです。軍が暴走し中国と起こした紛争・満州事変を、毅が止めようとしたからでした。毅は軍人たちに**「わしは逃げない。話せばわかる」と言って話し合おうとしましたが、**「問答無用！」と銃で撃たれて亡くなりました。

豆　五・一五事件の犯人たちのほとんどが数年で釈放された。政治家は暗殺が怖くて軍人に逆らえなくなり、第二次世界大戦に突き進むことになった。

妻の言いなりになって子どもを追い出す

政治の信念は決して曲げなかった毅ですが、プライベートは必ずしもそうではなかったようです。

毅には妻とふたりの息子がいましたが、千代という女性と恋に落ちてしまいます。毅のことを「この人は将来偉くなる」と見込んだ千代は、妻を追い出して毅と結婚。怒った長男が「お母さんを返せ！」と反抗しましたが、毅は千代に頭が上がらず、長男を家から追い出し、4才の次男は寄宿学校に送ってしまいました。

その後も毅の頭が上がることはなく、大好物のシチューも「家がバター臭くなる」という理由で食べさせてもらえませんでした。

豆 犬養毅の遠い祖先は、桃太郎のモデルになった岡山の英雄・吉備津彦の家来の犬養健。毅は「わしの祖先は桃太郎の犬だ」とよく言っていた。

犬養毅

時代
明治～昭和時代

身分
総理大臣

出身地
岡山

別名
桃太郎の犬

生没年
1855年～1932年

すごい

山口淑子

日本人なのに中国人女優「李香蘭」として大スターになる

戦争は、たくさんの人の運命をかえます。なかでも、**日本人でありながら中国人として生きることになった山口淑子の運命は激動といってもいいでしょう。**

淑子が17才のとき、日本軍が中国の満州という場所を占領しました。その功績を日本の国民に宣伝するために作られたのが、満州映画協会（満映）です。

満映は日本語と歌がうまい中国人

スター

女優を探しましたが、そんな都合のいい人はいません。
そこで目を付けられたのが、父の仕事の都合で中国にいた淑子。声楽を習っていたため歌がじょうずで、語学もできて美しいとなれば、女優にぴったりです。淑子はふつうの日本人の女の子でしたが、**「李香蘭」という芸名をつけられて、中国人女優としてデビューすることになります。**

「李香蘭」はたちまち日本で大人気になり、映画もヒットを連発。でも、その内容は「弱い中国人女性が強い日本人男性に恋をする」という中国にとって屈辱的な内容でした。

そのため、日本が戦争に負けると、淑子は「日本に協力した中国人」として中国政府軍に逮捕されてしまいます。友達の助けで日本人であると証明でき、何とか日本に脱出できましたが、**危うく死刑になるところでした。**

戦争後、淑子は女優から政治家に転身。そして72才で引退するまで、平和と環境問題を訴えつづけたのです。

山口淑子

時代
大正～平成時代

身分
歌手、女優、ジャーナリスト、政治家

出身地
中国

別名
李香蘭、シャーリー・ヤマグチ

生没年
1920年－2014年

女優・政治家。日本人でありながら、李香蘭の名で中国人女優として活躍。戦後は政治家となり参議院議員をつとめた。

豆 戦時中、乗った列車に戦闘で手足を切断された日本兵たちが大勢いることに気づいた淑子は、日本の歌を歌いながら兵隊の包帯をとりかえ、ウジ虫をとりのぞいた。

男装の王女を「お兄ちゃん」と呼んで兄妹ごっこをする

戦争によってふしぎな運命をたどったもうひとりの女性がいます。**革命によって倒れた中国王家の王女・川島芳子です。**山口淑子とは逆で、芳子は日本で育った中国人で、日本名を名乗りながら王家の復活を目指して活動していました。

芳子は美女で、髪はショートで男性の服を着ていました。その特殊な見た目と生い立ちが人気をよび、彼女をモデルにした『男装の麗人』という小説が書かれ、日本でレコードが発売されたほどです。

このふたりの「よしこ」は中国で出会います。このとき淑子は「李香蘭」としてデビューする前でしたが、名前の読み方が同じことがきっかけで仲良くなり、「ヨコちゃん」「お兄ちゃん」と呼び合うようになったのです。**男装の美女と、美女の女優。まさにそれは、マンガでしかありえないような組み合わせでした。**

しかし、日本軍のスパイともいわれていた芳子との仲はまわりから禁止され、ふたりの交流は終わります。ところが3年後、スターとなった淑子の元に、突然芳子が現れ、手紙を残したのです。自分と同じように運命に翻弄される淑子に、何かを感じたのかもしれません。芳子はその後「日本に協力した中国人」として死刑になり、淑子はとても悲しんだそうです。**何から何までマンガのような話ですが、これは本当にあった歴史の事実なのです。**

ヨコちゃん、
キミ自身が
本当にやりたいことを
やりなさい。
人に利用されて
カスのように捨てられた
人間の良い例が
ここにある。
僕をよく見ろよ。
芳子より

時代
大正～平成時代

豆 淑子は戦後、シャーリー・ヤマグチという名前でハリウッド映画やブロードウェイ舞台に出演した。

吉田茂

すごい

日本国憲法を作り日本から戦争をなくした総理大臣

日本を平和にするぞう!!

フフフフフ

第二次世界大戦で日本は300万人以上の死者を出し、ボロ負けしました。**その直後に総理大臣として指名されたのが、吉田茂です。**

外交官として32年間も世界中の政治家と付き合ってきた茂は、日本を占領しに来たアメリカ軍人のマッカーサーにもビビりませんでした。マッカーサーも堂々としてユーモアがある茂を認め、**天皇から国民に政治の中心が移ること、戦争をしないことなどを盛りこんだ、日本国憲法をいっしょに作りました。**

豆 イギリスの首相チャーチルのように葉巻が好きで「和製チャーチル」とよばれた茂は、戦時中、天皇に終戦をすすめる手紙を書くのを手伝った罪で逮捕される瞬間も「葉巻を乾燥させるなよ」と娘に言いつけたという。

戦争はきらいだけどケンカっぱやい

茂はマスコミがきらいでした。近すぎる距離でガンガン撮影してくるカメラマンに「人間の尊厳を知らないのか！」と怒鳴って水をぶっかけたこともあります。

この事件は世間では「さすが吉田茂だ」と拍手喝采だったそうですが、**じつは別のカメラマンにイライラしていて、八つ当たりしたのだといわれています。**

もともと短気で怒りっぽかった茂は、1953年の衆議院予算委員会の質疑応答中、**野党の質問にイラッとして「バカヤロー」と言ったことが原因で**「一国の総理大臣が無礼な！」と大さわぎになり、内閣は解散に追いこまれました。

やばい

吉田茂

時代
昭和時代

身分
外交官、総理大臣

出身地
東京

別名
和製チャーチル

生没年
1878年～1967年

ハチャメチャな人生を文学作品にして若者の心をわしづかみにする

すごい太宰治

小説家・太宰治は、代々エリートの華やかな家に生まれ、成績優秀で将来を期待されて育ちました。

けれど、治の心の奥には、どこか「エリート一族」に反発する気持ちがあったのかもしれません。21才のとき、恋人の芸者・初代と東京へかけおちしてしまいます。**ここから治の波乱万丈な人生が始まり、そのおかげで数々の名作文学が生まれることになったのです。**

さて、治は家族が止めるのも聞かず、実家と縁を切って初代と結婚。でも、縁を切られたのはさすがにショックだったようで、**不安のあまり薬物中毒になってしまいます。**このときの苦しい経験を生かして書いた作品集『晩年』は、悩める若者の心をつかみました。

その後、尊敬する作家・井伏鱒二のすすめで再婚すると、治の心は明るくなります。元気になった治は、**熱海で豪遊しすぎてお金を使い果たし、借金のかたに友達の檀一雄を旅館に置き去りにします。**この実体験から生まれたのが、友情と正義の心を描いた『走れメロス』です（主人公のメロスは友達を助けに行きますが、治はそのままバックレました）。

そして第二次世界大戦後には、そのとき付き合っていた没落貴族の女性との恋を赤裸々に書いた『斜陽』を発表。**リアルすぎる内容が大反響をよび、**治はついにベストセラー作家となったのです。

太宰治

豆 治は「芥川賞」を受賞したすぎて、選考委員に「私に名誉を与えて下さい。見殺しにしないで下さい」という4メートルもある手紙を送ってお願いしたが、「私生活に問題がある」という理由で落選した。

時代
昭和時代

身分
小説家

出身地
青森

別名
津島修治

生没年
1909年－1948年

小説家。『人間失格』『斜陽』『晩年』など、人間の心の暗部を描いた作品を多く残した。玉川上水に身を投げて自殺。

女性を口説きまくって運命を狂わせる

太宰治は自分が大好きなナルシストでした。それも、ガラスに映る自分にうっとりして挨拶するほど、かなりハイレベルの。学生時代は写真が大好きで、サイン入りの自分の写真に「いい男だろ」とコメントを書いて友達に配ったり、あこがれのイケメン作家・芥川龍之介と同じポーズで写真をとったりしていました。

……と、行動はかなりキモいですが、**じつは治は女性にモテました。**日ごろの研究のかいあって自分をかっこよく見せるのがうまく、知的でかげのある雰囲気がよかったのかもしれません。

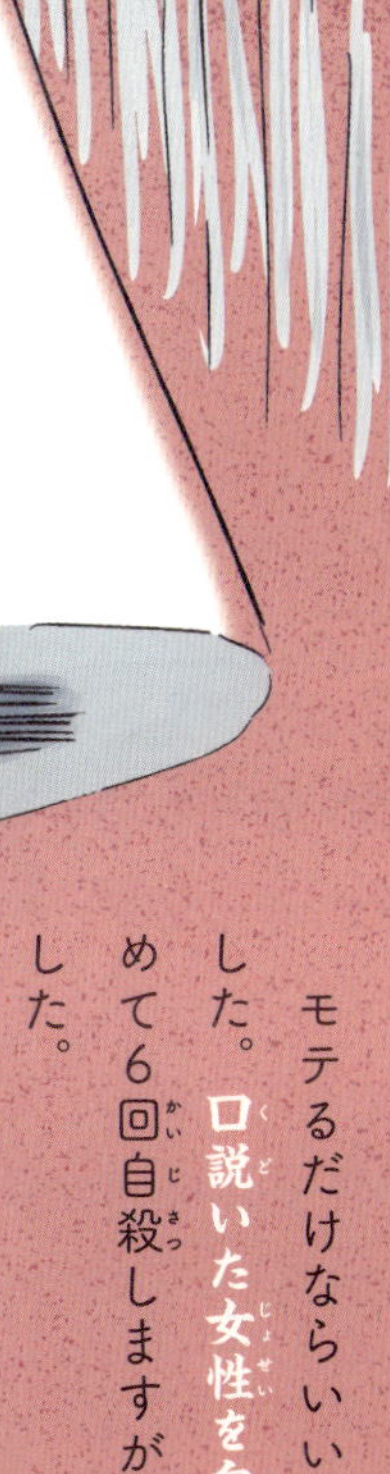

モテるだけならいいのですが、治には悪いくせがありました。**口説いた女性を自殺にさそうのです。**治は最期もふくめて6回自殺しますが、そのうち3回は女性といっしょでした。

1回目は、バーで知り合ったばかりの女性を口説き、海で薬を飲みました。ところが、治は翌朝目を覚まし、相手の女性だけが死んでしまいます。

2回目は、(自分も浮気しまくっていたのに)妻に浮気をされて激怒。妻といっしょに山で薬を飲んで自殺しようとしますが、このときはふたりとも無事でした。

そして、とうとう3回目。また違う女性を「死ぬ気で恋愛してみないか」とキザなセリフで口説き、川に飛びこんで、ふたりとも死んでしまいました。

こうして生涯を終えた治ですが、**「自殺をくりかえしたものの、本気で死ぬ気はなかった」という説もあります。**

時代
昭和時代

豆 治がのこした妻あての遺書には「お前をだれより愛していました」と書かれていた。

死にたいのと
死ぬのは
違うんだよなあ

【こんな本もおすすめ】

この本を読んで、もし「もっと歴史のことを知りたい！」と思ったら、ぜひ、いろんな本を読んでみてください。本屋さんのあちこちの棚に、おもしろい本が散らばっていますよ。

『ねこねこ日本史』

そにしけんじ／実業之日本社

日本史の偉人たちが、かわいい「ねこ」になって登場するマンガ。ねこにちなんだギャグ満載のゆるい内容なのに、きちんと歴史の事実にもとづいて描かれているので、勉強にもなります。

小学校低学年くらい～

『風雲児たち』

みなもと太郎／リイド社

関ヶ原の戦いから幕末までの日本を描いた大河マンガ。コメディ要素が多いため、楽しく読めます。教科書や学習マンガではあまり注目されない脇役にも、きちんと光があてられていて、新しい視点で歴史を学べる一冊です。

小学校中学年くらい～

『関ヶ原』上・中・下

司馬遼太郎／新潮社

「戦国武将が気になる」と思った人におすすめの一冊。豊臣秀吉の死後にくり広げられ、徳川家康が江戸幕府を開くきっかけにもなった「関ヶ原の戦い」と、そこで活躍したたくさんの戦国武将を描いた作品です。

小学校高学年くらい～

『日本史のツボ』

本郷和人／文藝春秋

日本の歴史を、時代ごとではなく、通しで一気に解説した本。7つの重要テーマ「天皇」「宗教」「土地」「軍事」「地域」「女性」「経済」にしぼって解説することで、日本史の全体像を一冊で見通すことができます。

小学校高学年くらい～

『それでも、日本人は「戦争」を選んだ』

加藤陽子／新潮社

中高生への5日間の集中講義をもとにした、明治時代以降の日本の歴史がわかる本。明治以来、日本と外国が戦った4つの戦争について、当時の日本の人びとがどんなことを考えていたのかを解説しています。

小学校高学年くらい〜

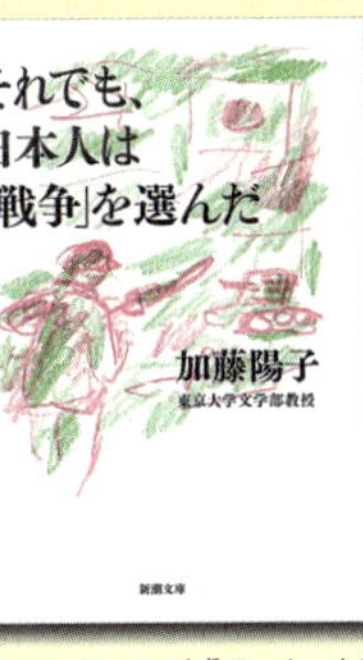

『乙女の日本史』

堀江宏樹、滝乃みわこ／KADOKAWA

書名のとおり、「女性目線」で書かれた日本史の本。神話時代から昭和までの歴史が、読みやすい文章とマンガで語られています。イラストたっぷりでとっつきやすく、おすすめマンガものっていて楽しめます。

小学校高学年くらい〜

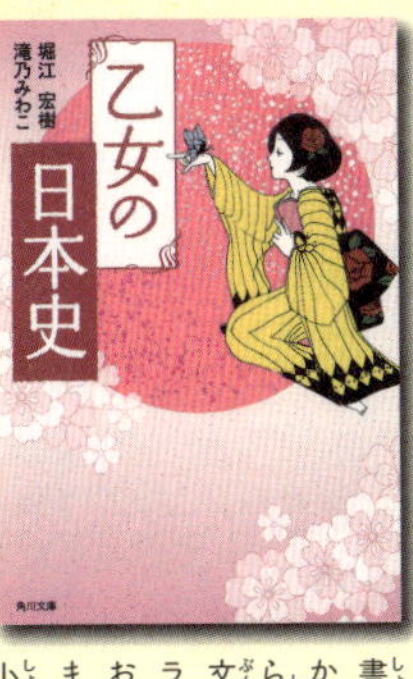

参考文献：『魏志倭人伝を読む』佐伯有清　吉川弘文館
『人物叢書　聖徳太子』坂本太郎　吉川弘文館
『万葉恋歌　日本人にとって「愛する」とは』永井路子　光文社
『孝謙・称徳天皇　出家しても政を行ふに豈障らず』勝浦令子　ミネルヴァ書房
『安倍晴明伝説』諏訪春雄　筑摩書房
『藤原道長「御堂関白記」を読む』倉本一宏　講談社
『殴り合う貴族たち　平安朝裏源氏物語』繁田信一　柏書房
『人物を読む　日本中世史』本郷和人　講談社
『源頼朝―東国を選んだ武家の貴公子』高橋典幸　山川出版社
『人物叢書　源義経』渡辺保　吉川弘文館
『足利尊氏』森茂暁　KADOKAWA
『応仁の乱と日野富子』小林千草　中央公論社
『足利義政と日野富子』田端泰子　山川出版社
『戦国武将の明暗』本郷和人　新潮社
『天皇はなぜ生き残ったか』本郷和人　新潮社
『戦国武将ナンバーワン決定戦』本郷和人　宝島社
『人物叢書　武田信玄』奥野高広　吉川弘文館
『上杉謙信―政虎一世中忘失すべからず候』矢田俊文　ミネルヴァ書房
『人物叢書　織田信長』池上裕子　吉川弘文館
『織田信長　四三三年目の真実』明智憲三郎　幻冬舎
『完本　信長全史』井沢元彦　小学館
『真説　秀吉英雄伝』井沢元彦　小学館
『フランシスコ・ザビエル』津山千恵　三一書房
『ザビエルの見た日本』ピーター・ミルワード　講談社
『人物叢書　石田三成』今井林太郎　吉川弘文館
『真田幸村』橋場日月　学研
『伊達政宗　文化とその遺産』小林清治・金沢規雄・浅野晃　里文出版
『徳川将軍十五代』大石学　実業之日本社
『大奥の美女は踊る』雲村俊慥　PHP研究所
『人物叢書　平賀源内』城福勇　吉川弘文館
『北斎娘・応為栄女集』久保田一洋　藝華書院
『その時歴史が動いた　19』NHK取材班　KTC中央出版
『検証・龍馬伝説』松浦玲　論創社
『人物叢書　西郷隆盛』田中惣五郎　吉川弘文館
『土方歳三』相川司　中央公論新社
『伊藤博文』伊藤之雄　講談社
『私の「漱石」と「龍之介」』内田百閒　筑摩書房
『野口英世の生きかた』星亮一　筑摩書房
『決定版　与謝野晶子研究』赤塚行雄　學藝書林
『花々と星々と』犬養道子　中央公論新社
『「李香蘭」を生きて』山口淑子　日本経済新聞社
『評伝　川島芳子―男装のエトランゼ』寺尾沙穂　文藝春秋
『父　吉田茂』麻生和子　新潮社
『日本を決定した百年』吉田茂　中央公論新社
『人間太宰治』山岸外史　筑摩書房
『教祖の文学　不良少年とキリスト』坂口安吾　講談社

[監修者] **本郷和人**（ほんごう・かずと）

東京大学史料編纂所教授。東京都出身。東京大学・同大学院で石井進氏・五味文彦氏に師事し日本中世史を学ぶ。NHK大河ドラマ『平清盛』など、ドラマ、アニメ、漫画の時代考証にも携わっている。おもな著書に『新・中世王権論』『日本史のツボ』（ともに文藝春秋）、『戦いの日本史』（KADOKAWA）、『戦国武将の明暗』（新潮社）など。

[イラスト] **和田ラヂヲ**（わだ・らぢを）

漫画家。愛媛県松山市出身、現住。おもな著書に『和田ラヂヲのここにいます』『和田ラヂヲの嫁に来ないか？』（ともに集英社）、『容赦ない和田ラヂヲ』（イースト・プレス）、『和田ラヂヲの火の鳥』『和田ラヂヲの異世界無双』（ともにマイクロマガジン社）など。

[マンガ] **横山了一**（よこやま・りょういち）

漫画家。北海道釧路市出身。2002年「週刊ヤングマガジン」（講談社）にて『熱血番長鬼瓦椿』でデビュー。おもな著書に『横山さんちの理不尽むすこ』（リイド社）、『戦国コミケ』『新しいパパがどう見ても凶悪すぎる』（ともにKADOKAWA）など。

[執筆] **滝乃みわこ**（たきの・みわこ）

執筆者。広島県出身。編集担当に『ねこねこ日本史』シリーズ（実業之日本社）、著書に『乙女の日本史』シリーズ（共著／KADOKAWA）、『しろくまきょうだいのケーキやさん』シリーズ、『にんにん！ さすけまる』（共著／ともに白泉社）など。

東大教授がおしえる
やばい日本史

2018年7月11日　第1刷発行
2026年3月6日　第30刷発行

監修者——本郷和人
イラスト——和田ラヂヲ
マンガ——横山了一
執　筆——滝乃みわこ
発行所——ダイヤモンド社
〒150-8409　東京都渋谷区神宮前6-12-17
https://www.diamond.co.jp/
電話／03･5778･7233（編集）　03･5778･7240（販売）

ブックデザイン— 辻中浩一（ウフ）
本文デザイン— 佐藤南（ウフ）
DTP——— エムアンドケイ
校正——— 鷗来堂
製作進行——— ダイヤモンド・グラフィック社
印刷——— 勇進印刷
製本——— ブックアート
編集担当——— 金井弓子（kanai@diamond.co.jp）

ISBN 978-4-478-10395-1

やばい